ANALISIS DE CINCO COMEDIAS

Teatro español de la postguerra

LITERATURA  Y SOCIEDAD

DIRECTOR

ANDRÉS AMORÓS

Colaboradores de los primeros volúmenes

José Luis Abellán. Emilio Alarcos. Jaime Alazraki. Earl
Aldrich. Xesús Alonso Montero. Manuel Alvar. Andrés
Amorós. Enrique Anderson-Imbert. René Andioc. José
J. Arrom. Francisco Ayala. Max Aub. Mariano Baquero
Goyanes. Giuseppe Bellini. Rubén Benítez. Andrés
Berlanga. Alberto Blecua. Jean-François Botrel. Carlos
Bousoño. Antonio Buero Vallejo. Eugenio de Bustos.
Jesús Bustos. Richard J. Callan. Jorge Campos. José
Luis Cano. Alfredo Carballo. Helio Carpintero. José
Caso. Elena Catena. Gabriel Celaya. Ricardo de la
Cierva. Víctor de la Concha. Maxime Chevalier. John
Deredita. Mario Di Pinto. Manuel Durán. Julio Durán-
Cerda. Pedro Gimferrer. Eduardo G. González. Luciano
García Lorenzo. Alfonso Grosso. Miguel Herrero. Pedro
Laín. Rafael Lapesa. Fernando Lázaro. Luis Leal. C. S.
Lewis. Robert Escarpit. Francisco López Estrada.
Vicente Lloréns. José Carlos Mainer. Joaquín Marco.
Eduardo Martínez de Pisón. José María Martínez
Cachero. Marina Mayoral. G. McMurray. Seymour
Menton. Franco Meregalli. José Monleón. Martha
Morello-Frosch. Antonio Muñoz. Antonio Núñez. Julio
Ortega. Roger M. Peel. Rafael Pérez de la Dehesa.
Enrique Pupo-Walker. Richard M. Reeve. Hugo
Rodríguez-Alcalá. Emir Rodríguez Monegal. Serge
Salaün. Noël Salomon. Gregorio Salvador. Alberto
Sánchez. Manuel Seco. Jean Sentaurens. Alexander
Severino. Gonzalo Sobejano. Darío Villanueva. Francisco
Ynduráin. Alonso Zamora Vicente.

ANDRÉS AMORÓS
MARINA MAYORAL
y FRANCISCO NIEVA

Análisis
de cinco comedias
(Teatro español de la postguerra)

Copyright © Editorial Castalia, 1977
Zurbano, 39 — Tel. 419 58 57 — Madrid (10)
—

Impreso en España. Printed in Spain
por Artes Gráficas Soler, S. A. Valencia
Cubierta de Víctor Sanz
I.S.B.N. 84-7039-255-7
Depósito Legal: V. 1.778 - 1977

Sumario

Introducción

No son pocos, ya, los libros críticos que se ocupan del teatro español de la posguerra. ¿Por qué otro más? En la mayoría de los que conocemos se advierten dos rasgos importantes:

1. Son panoramas históricos, describen lo que significa un autor o una obra, en su conjunto.
2. Atienden casi exclusivamente al aspecto literario de la obra.

Un libro nuevo nace siempre con el deseo de decir algo que todavía no se ha dicho. Ante esos dos rasgos, nuestra pretensión tenía que ser doble:

1. Ofrecer análisis minuciosos de algunas obras, especialmente significativas. (No olvidemos que este libro aparece en una colección que ha popularizado con amplio éxito la técnica del comentario de textos.)
2. Atender muy especialmente al hecho teatral en su conjunto, no sólo a lo literario. (O intentarlo, por lo menos.)

Esto último lo han dicho muchos, pero muy pocos lo han llevado a la práctica. De ahí la colaboración, en este librito, de tres autores: dos catedráticos de literatura (una, especialista en comentario de textos; el otro, también crítico teatral algún tiempo en el diario *Ya* de Madrid) y un hombre de teatro, importante autor y escenógrafo.

Hemos realizado una lectura muy detenida de cinco obras. Quizás ninguna anterior lo haya sido tanto. Pero se trata —insistimos— de *una lectura* crítica, que supone otras distintas y que no puede sustituir al conocimiento directo de las obras.

El comentario está plagado de citas de cada obra. Algunos dirán que se trata de una simple paráfrasis. Preferimos correr ese riesgo al de levantar en el aire, una vez más, formidables especulaciones teóricas, estructurales o dialécticas. Hemos intentado hacer un comentario cercano a la letra, humilde, aclarador, que llame la atención sobre los principales focos de interés. Teóricamente, su mejor destino sería incitar a la lectura o visión y a un análisis de las obras que, lógicamente, no coincidiría del todo con el nuestro.

Nos gustaría haber hecho un libro útil para los aficionados al teatro y asequible a los estudiantes. Por eso, hemos tratado de mantener un tono concreto y un lenguaje sencillo, sin logomaquias.

La elección de las obras analizadas no fue, ciertamente, problema pequeño. Las cinco elegidas nos gustan, nos parece que poseen valores teatrales positivos; a la vez, permiten estudiar a cuatro de los más importantes autores de teatro y algunos de los estilos dramáticos que se han sucedido en la posguerra. Creemos, en definitiva, que se trata de cinco obras importantes y significativas: que *son* todas las que *están*, pero no al revés. De haber tenido más espacio —quizás, en otra ocasión—, nos hubiera gustado analizar también, por unas u otras razones, obras de Alberti, Calvo Sotelo, Arrabal, Max Aub, Antonio Gala, Alfonso Paso, Paco Nieva, etcétera.

Analizar minuciosamente una obra no significa, de ningún modo, formalismo. Cada capítulo se inicia con el resumen de la circunstancia histórica de la obra: quién era el autor, entonces; cartelera; datos del estreno; autocríticas; críticas del estreno y posteriores, etcétera. Se trata de una simple labor de recogida de datos, unos más conocidos que otros: en su conjunto, forman —creemos— un cuadro histórico que puede ser interesante para el lector. Después viene el análisis propiamente dicho de la obra, tanto del texto como de sus aspectos escénicos. Los cinco capítulos poseen un esquema relativamente similar pero sin rígidas simetrías.

El conocimiento y la consideración de la circunstancia histórica no impide, naturalmente, que nuestro análisis crítico, valorativo, esté hecho desde hoy, con la perspectiva que da el paso de los años. Por supuesto, en el estudio de este teatro es necesario atender a multitud de factores sociales: la posguerra, la censura, las condiciones de la representación... Pero las circunstancias, que pueden disculpar de momento, pasan, y queda la obra, con su valor teatral intrínseco. Desde una auténtica perspectiva histórica, a éste debemos apuntar.

El éxito o el fracaso de una obra —los habituales asistentes a estrenos lo saben bien— dependen de una multitud de factores heterogéneos. Recordemos una anécdota: no hace mucho, se presentaba en Madrid un grupo independiente asturiano con una nueva versión del *Ubú, rey*, de Jarry. La representación avanzaba discretamente. De pronto, el joven actor que hacía de Madre Ubú sonrió al público, después de hablar, mostrando mucho los dientes, como una conocida figura política. La alusión fue inmediatamente captada, surgieron las risas y las ovaciones. A partir de ahí, el estreno fue un éxito. Otro estreno, en cambio, se encaminó al fracaso desde que un zumo de tomate que se mencionaba en la obra apareció en escena... de color lechoso.

No es posible, naturalmente, recoger en un libro todos estos detalles. Pero sí es deseable aproximar la historia del teatro a la realidad escénica. Así lo hemos intentado.

En el cine, todo sale —más bien, debería salir— perfecto; si no, se repite. No cabe repetir en el teatro, dentro de cada representación, la única que ve cada espectador. De todos estos factores humanos, imprevisibles, se compone el hecho teatral. En eso radica buena parte de su atractivo.

Quisiéramos, simplemente, proporcionar un instrumento útil para la comprensión y el análisis de cinco obras españolas recientes. Dentro de su modestia, este librito es testimonio de amor a nuestro teatro.

«Tres sombreros de copa» (1952), de Miguel Mihura

«Veinte años después» puede ser un título para un novelón de aventuras, pero no es buen plazo para el estreno de una comedia. Y, sin embargo, ese es el tiempo que tarda en subir a los escenarios *Tres sombreros de copa*. La escribe Miguel Mihura en 1932 pero no sube a un escenario madrileño hasta 1952. El dato no es pura anécdota, sino que afecta de modo importante a una de las pocas obras maestras del teatro español de la posguerra y a la carrera dramática de su autor, además de ser síntoma de los males que aquejan a nuestra escena.

Miguel Mihura había vivido siempre en el mundo teatral, como hijo de un actor, autor y empresario. Colaboró en los periódicos con dibujos e historietas. Durante la guerra, creó *La ametralladora* y *La Codorniz*, dos revistas que incorporaban al periodismo español un nuevo sentido del humor. Uno de sus elementos esenciales era la irrisión de los tópicos y convencionalismos tradicionales que encorsetaban la vida española; por eso, en su comienzo fue considerada símbolo y expresión de una nueva juventud, frente a la «España vieja»[1]. Años más tarde, Mihura dejará la dirección de la revista, después de una polémica sobre el tono crítico que ésta ha ido adquiriendo.

A la vez, siente afición y respeto por el teatro. En San Sebastián, en 1939, colabora con Joaquín Calvo Sotelo en

[1] Véase Pedro Laín, «El humor de *La Codorniz*», en *La aventura de leer*, Madrid, Ed. Espasa-Calpe, Col. Austral, 1956.

¡Viva lo imposible! o *El contable de estrellas*, la primera obra que estrena. A la vez, escribe una obra con Tono. Mihura lo cuenta así: «En el Café Raga, de San Sebastián, yo iba de mesa en mesa, colaborando en una con Joaquín y en otra con "Tono". Era algo así como el Arturito Pomar de los comediógrafos.»[2] También colaborará en muchos guiones cinematográficos.

Una larga convalecencia en su casa de Chamartín le había impulsado a escribir *Tres sombreros de copa*, basada en los recuerdos de un viaje con la compañía de revistas de «Alady». La concluye en 1932. Ahí empieza una larga cadena de tentativas para estrenarla[3]: Valeriano León, José Juan Cadenas, Manolo Collado, Arturo Serrano... Actores y empresarios coinciden en que la comedia es demasiado avanzada para el gusto del público habitual, no puede funcionar económicamente. Esto, desde una mentalidad comercial, es una condena inapelable. A los ojos de mucha gente, el humor de Mihura queda encasillado como el de *La Codorniz*: polémico, absurdo, juvenil (aunque van pasando los años)... Instintivamente, muchos deben captar lo que, años después, explicará con acierto Gonzalo Torrente: la profunda seriedad de este humorismo. Dicho de otra manera: que el nuevo lenguaje teatral es la consecuencia necesaria, natural, de una nueva visión del mundo.

La obra se estrena finalmente (¡veinte años después!) en el Teatro Español de Madrid, el lunes 24 de noviembre de 1952. ¿Cuáles son las noticias periodísticas del día? El debate en las Naciones Unidas sobre los prisioneros de Corea y los rumores de que Churchill va a visitar a Eisenhower, en los Estados Unidos, con este motivo. Diversos países explican sus votos desfavorables al ingreso de España en la UNESCO. La reina madre de Inglaterra visita el pabellón español en la Exposición Internacional de Cocina de

---

[2] Miguel Mihura, «Introducción a *Tres sombreros de copa*», en *Teatro*, Madrid, Ed. Taurus, 1965, p. 22.
[3] Puede verse la introducción de Jorge Rodríguez Padrón a su edición de la comedia en Biblioteca Anaya, Salamanca, 1972, pp. 10-12.

Londres, y la prensa destaca el éxito de la campaña de difusión de nuestro aceite de oliva. En España se celebra el bautizo de la segunda nieta del Jefe del Estado. Los madridistas están felices por el triunfo de su equipo sobre el Barcelona gracias a dos goles de Arsuaga: uno de ellos, directamente de córner, se asegura que pasará a la historia; destacan también Muñoz, Joseíto y Pahíño. Pedro Rocamora, en *ABC*, escribe sobre un nuevo género narrativo, la *sciencie fiction* (sic), para la que propone como traducción más adecuada la de «literatura fantástica». El mismo periódico dedica un editorial a «la crisis universitaria» (hace ya más de veinte años), denunciando la «escasa y casi vergonzante remuneración» del profesorado. Se prepara para partir la comisión que va a asistir, en Goa, a los actos con motivo del centenario de San Francisco Javier.

Los madrileños pueden divertirse a precios módicos. Por ejemplo, bailar en «Las Palmeras»: caballeros, 5 pesetas; señoritas, gratis. O en el Salamanca:· caballeros, 3 pesetas; señoritas, también gratis. Claro que «Sederías Carretas» anuncia medias de seda desde 9,90 y la carne congelada irlandesa, de primera calidad, se vende a 25,15 el kilo. Un piso en la Glorieta de Bilbao, con «siete señoriales habitaciones», puede adquirirse por 400.000 pesetas. Y se puede alquilar uno de 13 habitaciones, en una casa nueva de la calle de San Bernardo, por 2.000 pesetas al mes.

En los cines de la Gran Vía triunfan películas que recordará con emoción el cinéfilo: «Un americano en París», «Oro en barras», «Un lugar en el sol», «Brigada 21», «Operación Cicerón», «La reina de Africa». Pero también obtienen grandes éxitos de público las sentimentales «Sor Intrépida» y «El gran Caruso». Ese mismo día se estrena «Fanfan el Invencible», la gran creación de Gèrard Philippe.

En el teatro, se estrenan *El remedio en la memoria*, de José López Rubio, en el Reina Victoria, por la compañía de Tina Gascó y Fernando Granada, y *Más acá del más allá*, de Carlos Llopis, en el Cómico, por otra popular pareja, la de Pepe Alfayate y Rafaela Rodríguez.

Tres sombreros de copa sustituye, sólo la noche de un lunes, a la obra en cartel en el Español, *La moza del cántaro*, que se intenta promocionar con precios populares.

Gran éxito obtiene en la Comedia *El baile*, de Edgar Neville, con su famoso trío de intérpretes: Conchita Montes, Pedro Porcel y Rafael Alonso. Es, según la propaganda. «la obra del año». También triunfan otras dos obras de autores españoles consagrados: *Don José, Pepe y Pepito*, de Juan Ignacio Luca de Tena, en el Teatro Lara, con un gran reparto: Rafael Rivelles, Elvira Noriega, Amparo Martí, Azaña, Pastora Peña, Jorge Vico... Y Pemán (al que se le prepara un homenaje) unido a otro nombre ilustre, Catalina Bárcena, con *Paño de lágrimas*, en el Infanta Isabel. Completa las comedias *Un espíritu burlón*, en el Beatriz, por la compañía de Luis Prendes.

En el género musical se inaugura la temporada lírica oficial en la Zarzuela con *Jugar con fuego*, Kaps y Joham presentan su *Carrusel vienés* en el Alvarez Quintero y el popular humorista argentino Pepe Iglesias «El Zorro», su espectáculo *Cabalgata musical*, en el Alcázar.

En las revistas, dominan Antonio y Manuel Paso. Su obra *Devuélveme mi señora*, con música de Montorio y Algueró, se acerca a las 600 representaciones (cifra increíble, entonces) en el Albéniz. Tienen también en cartel *Conquístame*, con música del mismo Montorio, en el Madrid. En el Martín, la compañía de Muñoz Román presenta un clásico del género, *A vivir del cuento*, con Mary Begoña, y la propaganda señala que la mejor butaca cuesta 25 pesetas. En La Latina, un título paródico, *Locura de humor*, por Raquel Daina y Antonio Garisa.

No faltan tampoco los espectáculos folklóricos. El que más éxito parece tener es el de Antoñita Moreno, *Sortija de oro*, de Ochaíta, Valerio y Solano, que alcanza sus 500 representaciones en el Calderón, pero también es muy popular Juanita Reina, que presenta, en el Lope de Vega, *El puerto de los amores*, de Quintero, León y Quiroga.

En medio de esta cartelera madrileña irrumpe una noche, como un bicho raro, la obra de Mihura. La presenta el

T. E. U. de Madrid bajo la dirección de Gustavo Pérez Puig, con decorados y figurines de Emilio Burgos. Este fue el reparto del estreno:

Paula	Gloria Delgado
Fanny	Margarita Mas
Madame Olga	Blanca Sendino
Sagra	Conchita Vaquero
Trudy	Lolita Dolf
Carmela	Pilar Calabuig
Dionisio	Juan José Menéndez.
Buby	Javier Domínguez
Don Rosario	José María Prada
Don Sacramento	Agustín González
El odioso señor	José Manuel
El anciano militar	Fernando Guillén
El cazador astuto	Antonio Jiménez
El romántico enamorado	Francisco García
El guapo muchacho	Agustín de Quinto
El alegre explorador	Rafael Martín Peña

Con el protagonista, Dionisio, obtuvo un gran éxito Juanjo Menéndez. (Después, triunfarían muchas veces con esta obra Maritza Caballero y el malogrado Anastasio Alemán.) Nótese, en papeles secundarios, la presencia de actores que llegarán a ser primeras figuras: Fernando Guillén y, en los papeles de los dos absurdos viejecitos, José María Prada y Agustín González.

A pesar de los años transcurridos, la obra no había perdido su capacidad de asombrar al público. Según se ha escrito, el estreno fue «un verdadero cañonazo». Las críticas periodísticas certifican el éxito. Según Gómez Figueroa, en *El Alcázar*, «el público, en su mayor parte universitario, aplaudió con toda la fuerza de las manos». Alaba el «clima estupendo, a primeros de siglo» (?). Para Eduardo Haro Tecglen, en *Informaciones*, «los defectos de esta comedia son los que nos han descubierto los otros» (se refiere a los seguidores del llamado «humor nuevo»). Añade que «la representación produjo el entusiasmo de los juveniles espectadores, que aplaudieron muchas veces y con mucho entusiasmo». Luis Calvo, en *ABC*, apunta el carácter satírico de este tipo de humor y aboga por que la obra se represente en teatro comercial, dado «el alboroto del público de anoche (...) y la importancia del éxito». Nótese que los tres insisten en el carácter juvenil del público, en lo innovador de la obra.

La crítica posterior, con más calma, ha analizado las virtudes de la obra, que obtuvo el Premio Nacional de Teatro de 1953. Para José Monleón:

El humor de Mihura nacía —y en eso se parecía al de Jardiel— como un rechazo del tópico o del lugar común. «A Mihura le encantaba reírse del falso orden de las cosas, mostrar su ambigüedad, con una óptica que no desdeñaba cierto patetismo emocional. La fórmula había funcionado perfectamente en *Tres sombreros de copa*, una de las grandes obras españolas de su época, donde la emoción no conducía nunca al ternurismo, y donde lo inverosímil conservaba siempre una clara significación humana y real» [4].

Enrique Llovet señala como «el humor de Mihura cumple verdaderamente una misión moralizante. Mediante la irónica puesta en duda de ciertos valores, Mihura hace evidente su vulnerabilidad e invita a la reforma. Es la suya el arma menos sangrienta, pero más cortante, de cuantas se pueden, sin lucha, manejar» [5].

Ricardo Domenech ve la obra como un «esperpento cordial»: «un equilibrio magnífico entre una sátira social llevada a las fronteras de lo absurdo y un canto poético de conmovedora humanidad» [6].

La comedia mereció, incluso —caso insólito en nuestra escena contemporánea—, un considerable elogio de Ionesco, desde su óptica del absurdo. Después de proclamar que «el

---

[4] José Monleón, «La libertad de Miguel Mihura», en *obra citada* en nota 2, p. 21.
[5] Enrique Llovet, «El honor en el teatro de Mihura», *ibidem*, p. 88.
[6] Ricardo Domenech, «*Tres sombreros de copa* o un esperpento cordial», *ibidem*, p. 98.

humor es la libertad. El hombre necesita el humor, la fantasía, lo burlesco», afirma concretamente que *Tres sombreros de copa* «tiene la ventaja de asociar el humor trágico, la verdad profunda, al ridículo, que, como principio caricaturesco, sublima y realza, ampliándola, la verdad de las cosas. El estilo "irracional" de estas obras puede desvelar, mucho mejor que el racionalismo formal o la dialéctica automática, las contradicciones del espíritu humano, la estupidez, el absurdo» [7].

Ultimamente, Jorge Rodríguez Padrón insiste en el valor específicamente teatral de la comedia al considerarla «una de las obras más significativas de nuestro teatro contemporáneo, y no sólo por sus implicaciones ideológicas en torno al comportamiento de una determinada sociedad [...] sino también porque ha sabido aprovechar, utilizar y sacar el máximo partido posible de aquellos recursos que convierten la obra de Mihura en un hecho teatral que cuenta, necesariamente, con las implicaciones que se puedan suscitar en el espectador» [8].

Igual que otras veces, quizá la crítica más aguda sea la de Gonzalo Torrente Ballester: crítica sabia, irónica, adecuada al objeto que considera a la vez que profundamente personal. Señala Torrente que este tipo de humor procede de la literatura de vanguardia y es adelantado y creador de un tipo de comicidad actual. Pero no es deshumanizado sino muy humano, enmascara en la comicidad su sentimentalismo. Tiene, así pues, un enorme trasfondo de seriedad. Utiliza como procedimiento frecuente (ya lo veremos con más calma) la ruptura del sistema.

Para Torrente, la obra plantea el combate entre la vida a chorros y el cartón piedra. Entre los dos mundos se mueve, indeciso, el protagonista. Paula, dice con gracia, es «esa maravilla de vida que se parece a una flor y que algu-

---

[7] Eugene Ionesco, «La desmitificación por el humor negro», *ibidem*, p. 94.
[8] *Obra citada* en nota 3, p. 31.

nas mujeres logran ser a veces... durante unos cuantos días». El final es pesimista: gana el cartón piedra. El mensaje de la obra es «llamar estúpidos a todos los que, pudiendo vivir, prefieren la fría regularidad de la costumbre a la maravillosa espontaneidad de la vida». Concluye Torrente subrayando, una vez más, la permanente juventud de la obra, a pesar de la fecha en que fue escrita: «Si yo hubiese tenido el talento necesario para profundizar en el teatro de Mihura, habría demostrado a los jóvenes que su contenido último está en la misma línea de nuestras esperanzas.» [9]

Años después —otra ironía histórica— Torrente vencerá a Mihura en la votación para elegir Académico de la Española.

Junto a los elogios, alguna censura. Monleón señala su ambigüedad, «paralelo coherente de una concepción sentimental del mundo reacia a las clasificaciones racionales» y le reprocha que se quede en el individualismo, que no hable de estructuras, de necesidades materiales, que eluda la realidad popular, como todo el teatro conservador español...

Responde esto ya a la evolución posterior del escritor. A pesar de su proverbial pereza, Mihura ha escrito y estrenado muchas comedias, varias de las cuales han obtenido notable éxito comercial: *Maribel y la extraña familia, Ninette y un señor de Murcia*... La crítica, mayoritariamente, ha sido contraria a esta evolución, señalando cómo el teatro de Mihura ha seguido una línea de evasión, sentimental y amable, en detrimento de la crítica, a la vez que le ha instado repetidas veces a volver al camino de *Tres sombreros de copa*.

Conviene recordar lo que señala Mihura en su descargo, siempre con ingenio e implacable sencillez. Ante todo, parece claro que Mihura es lo contrario de un autor de tesis

[9] Gonzalo Torrente Ballester, *Teatro español contemporáneo*, Madrid, Ed. Guadarrama, 1957, pp. 439 y ss. Las citas literales son de las páginas 456 y 462.

preconcebidas, a la vez que se quita importancia con un escepticismo muy inteligente:

«Yo creo que las cosas salen por casualidad. A veces me sale una obra así, aburguesada, llena de concesiones, pero es porque no le veo otra solución, no le veo otro final. Nunca pienso lo que voy a decir, escribo lo que me sale. Y unas veces soy aburguesado y otras soy anarquista, depende del estado de ánimo, de cómo me levanto, de una serie de circunstancias... Yo no puedo ser siempre el mismo ni escribir del mismo modo [10].»

Mihura se atreve a oponerse a todas las tesis habituales del compromiso social o político del escritor, desde una perspectiva absolutamente individualista:

«El autor teatral, a mi juicio, no está obligado a tener ninguna función determinada dentro de la sociedad. El autor teatral es todo lo contrario que un funcionario. Mi obra no responde a ningún compromiso social, porque yo, artísticamente, estoy libre de toda clase de compromisos. Si he elegido esta profesión de comediógrafo —como hubiera podido elegir la de escultor, pintor, músico o acuarelista— es porque en ella puedo expresarme libremente, como todo artista, sin tener que darle cuentas a nadie [11].»

Esa conciencia individual se expresa también en su obra dramática: «Lo que sí tiene mi teatro es una defensa de la libertad individual, de que cada uno haga lo que le dé la gana, que para mí es lo más importante. Siempre he defendido el individualismo, la libertad del ser humano» [12]. Se esté o no de acuerdo, no cabe duda de que impresiona la rotundidad con que se pronuncia el autor, al margen de las modas.

Hace poco, una pareja de jóvenes críticos vuelven a preguntarle a Mihura sobre su primera comedia. El autor se

---

[10] Declaraciones a Diego Galán y Fernando Lara, *Dieciocho españoles de posguerra*, Barcelona, Ed. Planeta, Col. Biblioteca Universal Planeta, 1973, p. 227.

[11] Mesa redonda en el número Extraordinario III de *Cuadernos para el Diálogo*, Madrid, 1966, pp. 47-48.

[12] *Obra citada* en nota 10, p. 231.

irrita: «Todo el mundo habla nada más que de *Tres sombreros de copa*. Parece que, después de eso, ya me he muerto.» Protesta por el dinero, con simpático cinismo: «Tenemos el ejemplo de *Tres sombreros de copa*, que todos los críticos dicen que es una maravilla, pero que no ha gustado nada a la gente, no me ha dado un duro, es la obra que menos dinero y más disgustos me ha proporcionado.» El dinero va unido a un problema de incomprensión: «Todo el mundo me dice que lo que debo seguir es la línea de *Tres sombreros de copa*. Pues no, no la he seguido porque por ese camino no consigo dinero, y la gente se sigue quedando a medias cuando la ve.»

Un interesante detalle sobre su manera de escribir: «La única obra que he tenido terminada antes de los ensayos ha sido *Tres sombreros de copa*... ¡Y tardó veinte años en estrenarse!»

Pero las bromas encierran un fondo muy triste. La creación literaria va dirigida a un público y suele quedar afectada por la respuesta que reciba. No es raro el caso del artista que, por no haber sido comprendido a tiempo, cambia su camino. Ese parece ser el caso de Mihura: «Yo hubiera sido quizá diferente si hubiera estrenado mi primera comedia cuando se debió estrenar, cuando la escribí, en 1932. Entonces mi carrera de escritor habría sido más larga, habría sido diferente. O sea, que a un señor que escribe su primera obra a los veintisiete años y no la estrena hasta que tiene cuarenta y siete —como me pasó a mí con *Tres sombreros de copa*—, se le estropean nada más y nada menos que sus principios, ¿comprenden? Si yo estreno la obra en su momento, mi carrera habría sido totalmente distinta. Hubiera seguido por ese camino, igual que siguió Ionesco, por ejemplo, que sí tuvo la suerte de estrenar su primera obra cuando la escribió. O quizá todo habría sido igual, nunca se sabe.» Pese al escepticismo de la coda —tan típico de Mihura, por otra parte—, no cabe duda de que hay algo realmente patético en esta declaración, muy al margen de las bromas habituales.

En medio de las quejas contra el dinero, antes se ha deslizado algo que me parece verdaderamente importante: «y la gente se sigue quedando a medias cuando la ve». ¿Es así, todavía, en 1977? Ya hablaremos algo de ello, más adelante. Esto es lo que opina su autor: «Las cosas se van pasando, envejecen, y sólo queda el hueso, la verdad. Por ejemplo, de *Tres sombreros de copa* queda lo poético, lo lírico, la parte que podríamos llamar contestataria contra esa burguesía absurda. Todo eso queda y tiene fuerza, mientras que lo otro, lo grotesco, está pasado» [13].

Las frases copiadas poseen —creemos— un valor informativo notable. Queremos subrayar otro aspecto: leído todo esto, ¿podremos seguir condenando a Mihura por la evolución que ha sufrido su carrera teatral? Muy dudoso parece, desde luego.

Existe la leyenda de un Mihura perezoso, al que no le gusta escribir, que lo hace sólo, de vez en cuando, por necesidad económica. No hace demasiado tiempo, declaraba: «Hasta que ahora, últimamente, empecé a notar que escribía mecánicamente, que estaba un poco intoxicado de teatro, y que mientras escribía pensaba en otras cosas que no tenían nada que ver con lo que estaba haciendo. En fin, que lo que estaba haciendo me importaba un rábano... Y ahora sólo pienso escribir cuando tenga verdadera necesidad de decir algo. De contar algo que me divierta, que me apasione o que me emocione» [14]. No suelen declarar esto los escritores de éxito. Quizá esta actitud no sea la más recomendable para el «oficio de escritor», pero no cabe duda de que, desde el punto de vista humano y también desde el literario, es perfectamente respetable.

Singular escritor este Miguel Mihura, singular personaje. Al margen de modas y de movimientos literarios, posee un talento y un ingenio fuera de lo común. Quizás su carrera teatral no sea un modelo válido para todos (¿existe eso, en literatura?) pero sí es un ejemplo de gran calidad. Es —di-

---

[13] *Obra citada*, pp. 227-233.
[14] *ABC*, Madrid, 13 de mayo de 1970.

ríamos— una fiesta y una excepción dentro de nuestro teatro. Su ironía sigue deshaciendo tópicos, deshinchando lugares comunes, satirizando modos de comportamiento convencionales. Bajo la apariencia suave, sentimental, se esconde
una gran insatisfacción y una notable virulencia crítica. Veá-
moslo en *Tres sombreros de copa* [15].

* * *

Dionisio llega a un pequeño hotel de provincias. Al día
siguiente se va a casar con la hija de don Sacramento. Después de diecisiete años de noviazgo, va a convertirse, definitivamente, en un hombre respetable. Le enseña la habitación el dueño del hotel, don Rosario, un viejo pintoresco y
afectuoso. Habla por teléfono con su novia. Cuando se va a
dormir, irrumpen en la habitación una bailarina, Paula, y su
novio, el negro Buby. Forman parte de una compañía de
revistas que debutará al día siguiente y se aloja en el mismo
hotel. Dionisio se hace pasar también por artista y se ve
arrastrado al otro mundo que representan sus vecinos.

En el segundo acto asistimos a la juerga que se desarrolla esa noche, en los dos cuartos, con una serie de personajes
genéricos. Se descubre que todo ha sido premeditado, para
sacarle dinero a Dionisio. Pero él y Paula se han enamorado.
Cuando se besan, Buby le da un golpe en la cabeza a Paula,
que se desmaya. Aparece don Sacramento, el padre de la
novia.

Tercer acto: es ya la mañana de la boda. Dionisio se ha
de vestir. Don Sacramento le riñe, acusándole de haberse
portado como un bohemio, y le indica todo lo que no debe
hacer una persona respetable. Al irse, reaparece Paula, que
lo ha oído todo detrás de un biombo. Se despiden los dos
enamorados. Dionisio sale para la boda. Paula queda en
escena, jugando con los sombreros de copa. Este sería, más

---

[15] Todas las citas las haremos por la edición de Biblioteca Anaya,
mencionada en la nota 3.

o menos, el esqueleto argumental, que dice bien poco de las cualidades específicas de la obra de Mihura.

La comedia está dividida en tres actos, de una manera bastante clásica. Corresponden, aproximadamente, al tradicional esquema: planteamiento, nudo y desenlace. El acto primero sirve para presentar a los personajes y poner en contacto los dos mundos: Dionisio y Paula, la respetabilidad y el circo. La juerga nocturna ocupa todo el acto segundo, con las posibilidades de brillantez que eso ofrece a un autor como Mihura. Los protagonistas ya están enamorados. El acto tercero es bastante más corto: 17 páginas frente a las 25 de cada uno de los otros dos, en la edición que manejamos. Con la típica lógica de los personajes de esta obra, se lleva al absurdo el conflicto ideológico, la oposición de los dos mundos, lo que se puede y lo que no se puede hacer, desde un punto de vista burgués. El sentimentalismo de la despedida final está voluntariamente amortiguado.

Del primero al segundo acto han pasado dos horas, lo necesario para que se anime la juerga y Dionisio, con la bebida y el ambiente, afloje el cinturón de sus represiones habituales. Simbólicamente, este acto se extiende a lo largo de toda la noche, en el tiempo, sin límites precisos, de la semiborrachera. Al acabar el acto son las seis de la mañana y va a amanecer. El tercer acto continúa en el mismo momento. El dueño del hotel aparecerá luego para anunciar que son las siete: es la hora prevista para despertar a Dionisio, que se arregla y sale para la iglesia, al final de la comedia: ¿son las siete y media? La boda será a los ocho.

Así pues, el tratamiento del tiempo responde a la verosimilitud, en lo básico. El escenario es único, descrito al comienzo de la obra con realismo y con minuciosidad: puerta, cama, armario, biombo, sofá, teléfono, mesita, lavabo, etc.

Nos encontramos en una capital de provincia, claro está: el reino de los convencionalismos, de lo tradicional, de —usamos un título de Luis Taboada— la vida cursi. Es el término medio necesario para que se produzca esta tragicomedia, que sería imposible (por opuestas razones, naturalmente) tanto en Madrid como en un pueblo. Cerca queda, eso sí, el pueblo «melancólico y llorón» (p. 40) donde está destinado Dionisio: probablemente como funcionario, con la vida metódica que mejor cuadra a su manera de ser hasta ahora.

No es exagerado, me parece, recordar la progenie literaria del tema de la crítica de la vida provinciana: Clarín, Galdós, el noventayocho, Pérez de Ayala... Claro que el tono de Mihura es muy distinto, pero no faltan alusiones serias, como ésta de Paula: «Hemos llegado esta tarde para debutar mañana. Los demás, después de cenar, se han quedado en el café que hay abajo... Esta población es tan triste... No hay adonde ir y llueve siempre... Y a mí el plan del café me aburre...» (p. 49). En otro contexto, estas últimas frases podrían ser de los jóvenes Azorín o Baroja...

Fuera de este ambiente, no sería posible el conflicto que se plantea. No existiría como líder indiscutido El Odioso Señor: «Yo soy el más rico de toda la provincia» (p. 73). De querer emplear un lenguaje más directo, Mihura le hubiera podido llamar el cacique. En Madrid, fuese cual fuese la fecha en que se sitúa la comedia (cosa que Mihura se guarda muy bien de precisar), sería inverosímil una sociedad tan dormida, como encerrada en un fanal de vidrio. En un pueblo, existiría inevitablemente un contacto más directo con la naturaleza, con lo vital y hasta bronco. La capital de provincia, así pues, es el término medio necesario. Desde una óptica diferente, volvemos a encontrarnos en el reino de las Orbajosas que están por todas partes, al norte y al sur, al este y al oeste de España (Galdós: *Doña Perfecta*), el reino de Vetusta (Clarín), de Pilares (Pérez de Ayala)... En todo caso, no olvidemos que, dentro de esta atmósfera cerrada, los artistas crean pronto su propio ámbito.

El hotel en que transcurre la obra es, por supuesto, absurdo en multitud de detalles; pero también es cordial, familiar. Frente al trato maquinal, despersonalizado, no es tan desagradable. No le molestaría mucho a Mihura —suponemos— encontrarse con un hotelero así, por cursi que sea. Es loco, no es malvado. En él, como en don Sacramento y en El Odioso Señor, ve Mihura que existe «algo de locos, algo de extraños que no sabemos bien lo que es»[16]. Ese es el tono agridulce de su humor: la broma une, a la vez, crítica y afecto.

Al comienzo del acto segundo, la acotación escénica posee ya otro carácter. No es realista. Parece hecha para ser leída, como las de Valle-Inclán. En todo caso, alude a un ambiente, más que da detalles concretos. Por eso queda casi todo como posibilidad: «*Quizá* haya papeles por el suelo. *Quizá* haya botellas de licor. *Quizá* haya también latas de conserva vacías.» Al autor le interesa sugerir un clima distendido, feliz, de vacación que rompe la rutina cotidiana: «Hay muchos personajes en escena. Cuantos más veamos, más divertidos estaremos.» Por eso alude a figuras que no actúan para nada: «Entre ellos hay un viejo lobo de mar vestido de marinero.» Y a otros intercambiables, puramente decorativos: «Hay un indio con turbante, o hay un árabe» (p. 63). Lo mismo da una cosa que otra.

El sombrero de copa que da título a la comedia es el objeto-símbolo en el que coinciden los dos mundos opuestos: serio y burgués en la boda, sirve también al alegre número de los juegos malabares.

Toda la obra —no hace falta insistir mucho en ello— está bañada por el espíritu juguetón que viene de las vanguardias estéticas de los años veinte. Así, frente a las óperas antiguas, las canciones modernas, sentimentales, «nos llenan el espíritu de sencillez y de ganas de dar saltos mortales...» (p. 97). Es preciso darse cuenta, sin embargo, de que no se abandona por completo el plano de la realidad. En medio de las locuras, aparece la visión a ras de tierra de la boda: «Porque ella tiene dinerito, don Dionisio» (p. 42). En el segundo acto, el autor se preocupa de informarnos de que la aparición de Paula y la riña que dio lugar a tantos despropósitos era una treta para sacarle el dinero a Dionisio. En seguida, se nos da una visión más o menos realista de la vida del circo, la otra cara de la moneda que ve Dionisio: «a

---

[16] Miguel Mihura, «Autocrítica», en *Teatro español, 1952-1953*, edición de Federico Carlos Sáinz de Robles, Madrid, Ed. Aguilar, 1954.

alguna cosa se tienen que dedicar las bonitas muchachas casaderas, cuando no quieren pasarse la vida en el taller, o en la fábrica, o en el almacén de ropas. El teatro es lindo, ¿verdad? ¡Hay libertad para todo! Los padres se han quedado en la casita, allá lejos, con su miseria y sus penas, con su puchero en el fuego... No hay que cuidar a los hermanitos, que son muchos y que lloran siempre. ¡La máquina de coser se quedó en aquel rincón!» (pp. 69-70). Parece claro que Mihura se preocupa por no perder del todo pie con la realidad —o, quizá mejor, con la verosimilitud— sin zambullirse de lleno en el océano del absurdo.

Casi todo el humor de la obra se basa en la gracia verbal, el uso del lenguaje en la forma que luego comentaremos. Pero también existe una comicidad de las situaciones. Como dice Jorge Rodríguez Padrón, «las situaciones así creadas son realmente teatrales. Y no cuentan sino que exponen, muestran» [17]. Recordemos la bota debajo de la cama; la pulga que pica a Dionisio mientras está hablando por teléfono con su novia; él y don Rosario de rodillas, admirando el piso de madera que está debajo de la cama; la pareja que sale de un armario. Una situación totalmente absurda: Dionisio en la cama, con chistera, mientras don Rosario toca el cornetín y se pasean por la habitación muchos personajes, entre ellos una mujer barbuda. O, en fin, los múltiples y heterogéneos regalos que saca de su bolsillo, como un mago, El Odioso Señor: un par de ligas, un par de medias, otro, un ramo de flores de trapo, una bolsa de bombones, un bocadillo de jamón, otro de caviar, una carraca...

Las situaciones se resuelven también de un modo insólito. Cuando los protagonistas se unen, por fin, en un «beso maravilloso», el negro Buby da un golpe en la nuca a Paula, que se desmaya instantáneamente, y Dionisio la esconde detrás de la cama y el biombo (pp. 87-88). Así, ya puede aparecer el padre de la novia sin que advierta nada extraño.

Fijémonos un momento en el nombre de estos viejos: Don Rosario, Don Sacramento. ¿Por qué se llaman así? Antes

[17] *Estudio citado*, p. 31.

de nada, vemos una burla de nombres tradicionales, viejísimos, ridículos, que ya no suelen usarse. Pero, además, son nombres que suelen aplicarse casi con exclusividad a mujeres. La conclusión es clara: los dos juegan un papel semifemenino. No interviene la madre de la novia y Don Sacramento hace su papel, tutelando a la vez a su futuro yerno. En el caso de Don Rosario, la cosa está mucho más clara; como murió su hijo, quisiera ser algo semejante a la madre de Dionisio: le enseña la habitación «más sana» (p. 35), le hace levantarse «no sea que se vaya a estropear los pantalones...» (p. 39). Y de todos los clientes: «Casi todos los que vienen aquí son viajantes, empleados, artistas... Hombres solos... Hombres sin madre... Y yo quiero ser un padre para todos, ya que no lo pude ser para mi pobre niño...» La imagen humorística de Mihura se dispara al describirnos los cuidados que prodiga a sus huéspedes: «No está bien que cuando hace frío nos meta usted botellas de agua caliente en la cama; ni que cuando estamos constipados se acueste usted con nosotros para darnos más calor y sudar; ni que nos dé usted besos cuando nos marchamos de viaje» (pp. 39-40). Es, más o menos, lo que haría una madre; y, descontado el exceso caricaturesco, casi todo lo que hace Don Rosario (grotesco en el dueño de un hotel) sería casi normal si fuera la dueña de una pensión familiar.

Al presentarlo, Mihura ha escrito que «Don Rosario es ese viejecito tan bueno de las largas barbas blancas» (p. 34). Subrayemos el demostrativo, que alude —parece— a lo ya conocido. Se trata de un personaje típico, como de cuento infantil, en el que el temperamento se corresponde con la apariencia física, sin que haya sorpresas ni «distancias» extrañas. Más aún sucede esto con los que aparecen en la fiesta del acto II. No tienen nombre individual sino, sólo, un sustantivo común y un adjetivo. (De esto nos enteramos al leer la obra, el espectador ni siquiera lo sabe.) Son seres genéricos, tópicos: El Odioso Señor, El Anciano Militar, El Cazador Astuto, El Guapo Muchacho, El Alegre Explorador... Su comportamiento también responde a un cliché literario: por ejemplo, la bailarina que le quiere quitar las cruces al Anciano Militar. En el mundo del teatro, los nombres también son literarios, tópicos (Fanny, Madame Olga) pero por debajo de ellos se adivina una realidad más prosaica. Como ha escrito Gonzalo Torrente, «la intención satírica le obliga a la tipificación de los personajes, sacrificando su individualidad a su significación (...) Pero es indudable que la materia humana de que recubre esos tipos es acertada y teatralmente eficaz»[18].

Hemos rozado ya un rasgo que parece esencial y que resulta extraño no haya sido comentado más: *Tres sombreros de copa* está cargada de alusiones de tipo cultural, por debajo de su aparente sencillez. Como en tantas grandes obras, la literatura se nutre aquí también de literatura. Por supuesto, las relaciones entre ambas serán variadas: según los casos, se tratará del apoyo, la negación o la burla del esquema literario previo. Recordemos que, según declaración del propio autor, *La Codorniz* nació, entre otras cosas, «para reírse del tópico y del lugar común»[19].

Apenas comenzada la obra, Don Rosario elogia el efecto que hacen tres lucecitas. En realidad «yo, a causa de mi vista débil, no las he visto nunca». Pero lo dice porque «todo el mundo lo dice» (p. 36). Y eso resulta ser mentira, así que no se equivoca él, sino todo el mundo. Lo malo no es el error de un pobre viejo, sino el tópico general.

La obra funciona sobre la base de convencionalismos literarios que todos conocemos. Por ejemplo, las últimas palabras de un moribundo. Sólo que aquí, en vez de contener algún mensaje trascendental, son tan triviales que dan risa: «Enséñaselas a los huéspedes y se pondrán todos muy contentos...» (p. 36).

Con menos acritud que Flaubert, pero con igual agudeza, Mihura recopila en su obra todo un diccionario de tópicos[20]. Así, tópicos lacrimosos: «Pensar que sus padres, que en paz

[18] *Obra citada* en nota 9, p. 463.
[19] *Obra citada* en nota 4, p. 118.
[20] Nos referimos, en concreto, a una obrita de Flaubert menos conocida de lo que debiera ser: el *Dictionnaire des idées reçues*.

descansen, no pueden acompañarles en una noche como ésta... ¡Ellos serían felices!» (p. 41). Utilización de frases hechas, presuntamente filosóficas: «¡Cuando viene una desgracia, nunca viene sola!» (p. 51). (Pero aquí está sacada de su contexto, aplicada al hecho de que un personaje sea negro y se vea así en los espejos.) Tópicos sobre los negros: «de pequeño, te comían los mosquitos, y te mordían los monos, y tenías que subirte a las palmeras y a los cocoteros» (p. 54). Tópicos bienpensantes: se puede enamorar de cualquiera «si es honrado y trabajador» (p. 54). Tópicos eróticos: «Los negros quieren de una manera muy pasional» (p. 57). Visión tópica de los países: «¡En Inglaterra hay demasiados detectives!» y «en La Habana hay demasiados plátanos...» (p. 98). Etcétera.

Para cada tema nuevo que surja en la conversación, el burgués posee un repertorio de fórmulas que compendian su visión del mundo, la sabiduría tradicional que ha recibido por herencia. Discutiendo los peligros de la bebida, comentará: «Un señor que yo conocía...» (p. 48). Y, si se habla de los peligros —siempre peligros, siempre una actitud a la defensiva— de que los niños monten en bicicleta, volverá a decir: «Un señor que yo conocía...» (p. 51).

Se burla la comedia de muchos esquemas literarios convencionales. Así, la abundancia de adjetivos remeda un estilo cursi y sentimental: «Desde el balcón de la alcoba rosa se ven tres lucecitas blancas del puerto lejano» (p. 36). En una ocasión se imita —como hacían los románticos con el «pastor clasiquino» neoclásico— la literatura bucólica convencional: «Aquí el aire es mucho más puro... Aquí el aire es tan despejado que, de cuando en cuando, cruza un pajarillo cantando y las mariposas van y vienen, posándose en las flores de las cortinas...» (p. 73). Pero a nadie puede convencer, pues el espectador sabe que se trata de un truco elemental del alcahuete Buby.

El convencional Don Sacramento declama, con el fondo literario de la «Sonatina» de Rubén Darío: «¡Mi niña está triste! (...) La niña está triste y la niña llora (...) La niña está pálida. ¿Por qué martiriza usted a mi pobre niña?»

(p. 89). Y, además de repetir íntegra la letanía, se aclara después que la niña se llama Margarita, como la otra heroína de Rubén. Don Sacramento acumula también adjetivos de ambiente modernista: «La niña se desmayó en el sofá malva de la sala rosa...» (p. 90). Y, como el joven Azorín, evita el diminutivo incurriendo en un galicismo cursi: «¡Cómo van a llorar de alegría los pobres pequeños niños!» (p. 96).

Los personajes aburguesados poseen una visión del munmo literaturizada, novelesca: «En los hoteles sólo están los grandes estafadores europeos y las vampiresas internacionales» (p. 91). La vida sentimental se acomoda a lo oído en los cuplés folletinescos: «¡Un novio en cada provincia y un amor en cada pueblo!» (p. 99).

La literatura cinematográfica determina también el modo de pensar y sentir, el modo de expresarse. Buby llama a Dionisio «rostro pálido» (p. 54), como los indios de las películas. Como cualquier galán del séptimo arte, El Anciano Militar ha luchado, a la vez, contra los indios sioux (p. 71) y los cosacos (p. 81). Dos enamorados en apuros sueñan con huir al mítico Chicago (p. 105). Y otros viven como proyecto vital un «happy end» de película norteamericana: «Nos iremos a América y allí seremos felices. Pondremos un gran rancho y criaremos gallinitas...» (p. 82).

Buby se expresa, a veces, con un estilo redicho que parece sacado de una canción afrocubana. Así, llama afectuosamente a Paula «flor de la chirimoya» (p. 54) y la anima a un alterne provechoso diciéndole que «Buby estaría más alegre que el gorrioncillo en la acacia y el quezal en el ombú» (p. 72). Pero, según nuestra experiencia, uno de los detalles que sorprenden más a los que leen por primera vez la obra son los cariñosos apelativos que dirige Don Rosario a Dionisio. Le llama «capullito de alhelí» (p. 40), «carita de nardo» (p. 38), «carita de madreselva» (p. 45). Además de hacer reír, ¿tiene esto algún sentido? Nos parece que sí, que se trata de una burla de la literatura cursi, vieja. No hace mucho tiempo se cantaba todavía una canción que usa la misma expresión, en tono muy sentimental y con ritmo sudamericano: «Por eso yo te quiero a ti, / mi capullito de alhelí». Por otro lado, ¿cuántas «caritas de nardo» no encontraremos en las canciones folklóricas andaluzas? Lo que ocurre aquí es que Mihura saca estas expresiones (y crea otras semejantes) de su contexto habitual. Aquí, todo esto lo dice: a) un hombre a otro; b) que es un hotelero a su huésped. De esta manera, queda más clara la ridiculez sentimental de este tipo de literatura.

En la lectura quizás no se comprendan debidamente (es posible, incluso, que el lector distraído no los advierta) dos usos de un recurso llamativo. Al final del primer acto entran, alegres, tres muchachas del ballet de Buby. Repartiéndose entre las tres las frases (como hacen en los tebeos los sobrinos del Pato Donald) inician un coro que podemos escribir como si fuera un verso, aunque la comedia no lo hace:

«Ya estamos aquí.
Y traemos pasteles y jamón y vino.
Y hasta una tarta con biscuit.
Laralí, laralí.
El señor del café nos ha convidado.
Y pasaremos el rato reunidos aquí.
Ha encargado ostras y champán del caro.
Y hasta se ha enamorado de mí.
Laralí, laralí.
En ese cuarto dejamos más cosas.
Todo lo prepararemos ahí.
Toma esos paquetes, ayúdanos, anda.
¿Nos divertiremos? Nos divertiremos.
Verás como sí.
Laralí, laralí.» [21]

Como se ve, apesar de la desigualdad de medida existen dos rimas: la aguda en í, que enlaza toda la composición, y la llana á-o, que aparece sólo en «convidado» / «caro». En general, se emplea el sistema del romance, el más popular

---

[21] P. 59. Por supuesto, alteramos la disposición tipográfica y los signos de puntuación.

en castellano: rima asonante sólo en los pares. Existe un cierto ritmo; aunque no coincida siempre, predominan los apoyos rítmicos en las sílabas quinta y novena, con acento secundario a veces en la primera. Y un estribillo puramente fónico (laralí) reitera la rima básica, señalando el final de cada una de las tres estrofas.

Un ejemplo semejante sirve para expresar el desbordamiento de la emoción lírica, al final del acto segundo. Lo podemos escribir así:

«Vamos a ver amanecer.
Vamos a ver amanecer.
Frente a las aguas de la bahía.
Frente a las aguas de la bahía.
Y después tiraremos al mar
la botella que quede vacía.
Vamos a ver amanecer
frente a las aguas de la bahía» (p. 86).

En este caso, la medida alterna entre nueve y diez sílabas y hay rima. Pero lo esencial parece ser la repetición, con solista y coro, al principio, y dos coros, al final: igual que en la lírica primitiva castellana y gallega, respectivamente [22].

El análisis métrico más superficial nos demuestra, así pues, que nos hallamos ante dos poemas. O, quizá, ante dos letras para cantar. ¿Cómo se interpretará esto, en un escenario: recitando, cantando o un término medio? Quizás esta última posibilidad sea la más práctica y graciosa, tarareando todos sin música. En el fondo, se trata (como ya hizo Muñoz Seca, por ejemplo) de una parodia de la zarzuela o revista musical, a la vez que se subraya voluntariamente el tono irreal de la representación.

En *Tres sombreros de copa* existen, y no creemos que se haya subrayado suficientemente hasta ahora, muchas ma-

---

[22] José Manuel Blecua, «Introducción» al libro *Antología de la poesía española: Poesía de tipo tradicional*, en colaboración con Dámaso Alonso, Madrid, Ed. Gredos, Col. Antología Hispánica, 1956.

nifestaciones de ese espíritu que, años después, hemos dado en llamar «camp». En efecto, para dormir a sus huéspedes, Don Rosario toca, con su cornetín de pistón, «romanzas de su época» (p. 40), no actuales. El convencional Dionisio del comienzo de la obra «silba una fea canción pasada de moda» (p. 45) y tiene como horizonte vital «dar vueltas los domingos alrededor del quiosco de la música, y silbar en la alameda "Las princesitas del dólar"...» (p. 41). Suena mucha música vieja en la comedia: «El carnaval de Venecia» y «La serenata de Toselli» (p. 45) [23]; «Marina» (p. 54), la zarzuela española con pretensiones de ópera. En la fiesta nocturna, «El relicario» (pp. 69-70) y «El batelero del Volga» (p. 72) [24].

Hemos hablado antes de mentalidad «camp» *avant la lettre*. Algo hay de eso, desde luego, pero habría que matizar en los distintos casos. Por una parte, Mihura se complace con estas viejas canciones que animan la fiesta. Por otra, se burla tiernamente, sin acritud, de esas melodías tradicionales que han ido unidas a un modo de vida, a una educación convencional, al saloncito burgués con la pianola, los tapetitos encima de las mesas y la señorita de la casa lanzando gorgoritos.

En una ocasión escribió Mihura [25] que había creado *La Codorniz* para «diferenciar a los jóvenes de los viejos (...) y por eso, después de profundos estudios, salió *La Codorniz* con un lenguaje especial para los jóvenes». Es en este contexto —creemos— donde se debe entender lo anterior. La música es uno de los índices más seguros del cambio de sensibilidad. Frente a romanzas cursis y melodías acartonadas (por las que Mihura también debe de sentir una cierta ternura, por otra parte), frente a la novia que canta «El pescador de perlas», irrumpe la juventud de Paula para descubrirnos un mundo nuevo, con menos retórica, que llega más directamente al corazón: «Y yo no había caído en que

---

[23] Se cita siempre así, incorporando el nombre del compositor al título.
[24] Citado con este título, no con el más frecuente de «los remeros...».
[25] *La Codorniz*, 28 de febrero de 1943.

las voces de querubín están llenas de vanidad y que, en cambio, hay discos de gramófonos que se titulan "Amame en diciembre lo mismo que me amas en mayo", y que nos llenan el espíritu de sencillez y de ganas de dar saltos mortales» (p. 97).

De escribirse *Tres sombreros de copa* hoy, habría que realizar otra vez el mismo proceso: ya nadie —casi nadie— canta *Marina* o la *Serenata* de Toselli; el prestigio «camp», tiernamente ridículo, quedaría para los boleros o fox-trots con títulos sentimentales como el que le gusta a Paula y descubre admirado Dionisio. Hace muy pocos años, Paula cantaría a los Beatles. Hoy, ¿a quién? Habría que ser muy joven para saberlo. En todo caso, no cabe duda de que Mihura ha sabido elegir las referencias musicales con acierto, como una manifestación más del conflicto entre la mentalidad acartonada y la nueva sensibilidad primaveral (palabra típica de la vanguardia de los años veinte y treinta) que encarna Paula.

Junto al lenguaje de base literaria, la obra emplea también un lenguaje coloquial que está al borde del ridículo: «Es una habitación muy mona» (p. 35), dice Dionisio, como cualquier señora de la buena sociedad, y no «bonita», «agradable», «cómoda» o algo así. Pero, junto a esto, aparece también el lenguaje popular: «¡Qué tía!» (p. 56), exclama entusiasmado Dionisio. Y la seudovampiresa Fanny, con ingenua perversidad: «¡Yo soy más frescales, hijo de mi vida! ¡Ay, qué requetefrescales soy!» (p. 57).

Frente al lenguaje cursi, convencional, de Dionisio y Don Rosario, Paula aparece con un lenguaje natural, espontáneo, popular, insultando a Buby: «¡Idiota!(...) ¡Majadero! (...) ¡Cretino!» (p. 46).

Mihura obtiene efectos humorísticos rompiendo con frases populares, inesperadas, la conversación cursi. Don Rosario le dice a Dionisio: «Parece usted tonto, Don Dionisio.» Y éste se enfada un poco: «¿Por qué me dice usted eso, caramba?» (p. 36). Y después, para animarle a quedarse con una bota: «No sea tonto, ande (...) No sea usted bobo» «p. 38).

Un caso singular es el de la utilización de un lenguaje voluntariamente infantil, de acuerdo con la psicología de los personajes que luego comentaremos. El terrible negro Buby suelta este taco amenazador, cuando le insultan: «¡Petate!» (p. 55). Los diminutivos rompen la posible seriedad del discurso. Así, un viejecito habla de la muerte de «mi papá» (p. 36), como si fuera un niño. Un efecto cómico puramente lingüístico es el de aplicar un diminutivo a lo que en principio no puede llevarlo, por ser frase hecha: el teléfono sirve para llamar «a los de las Pompitas Fúnebres» (p. 39).

Quizá el ejemplo más llamativo es el de una historia, objetivamente trágica, cuyo patetismo se destruye por el uso de una voz onomatopéyica infantil, absolutamente inadecuada en ese contexto. Un hijo de Don Rosario se ahogó en el pozo: «Sí, lo sé. Su niño se asomó al pozo para coger una rana... Y el niño se cayó. Hizo "¡pin!" y acabó todo.» Y el otro personaje repite, para que nos convenzamos de que eso es lo esencial en la historia fosilizada, que siempre se cuenta así: «Esa es la historia, don Dionisio. Hizo "¡pin!" y se acabó todo» (p. 40).

Llegamos ahora a un punto árido pero inevitable: los recursos humorísticos que emplea Mihura en su obra. No se trata, por supuesto, de intentar un análisis completo, que ocuparía él sólo más espacio del que aquí podemos dedicar a esta obra. Simplemente, presentaremos algunos ejemplos que nos parecen significativos para dar una idea de la riqueza y variedad de procedimientos empleados por el autor. Confiamos, así, en no defraudar por demasiado incompletos ni abrumar por excesivamente minuciosos.

Un típico efecto de la obra es el uso de exclamaciones muy suaves para los momentos de enfado. Eso indica la cortedad vital de Dionisio, que reacciona ante un insulto diciendo «caramba» (p. 36), y ante una situación que considera muy incómoda, repitiendo tres veces «maldita sea» (p. 57), como un niño enrabietado.

En la comedia surge una lógica nueva, absurda, llevada al extremo. Si de noche se ven tres lucecitas, «de día se verán más lucecitas» (p. 37). Jugando con el doble uso de un objeto, si alguien pide cerillas para iluminar un rincón en sombra, el otro le ofrecerá cerillas y tabaco (p. 37). Ante lo insólito, se sale por el ángulo más absurdo; al encontrar una bota debajo de su cama, a Dionisio sólo se le ocurre preguntar: «¿De caballero o de señora?» (p. 38). Sacada de su función habitual de calzado, decidirán guardarla en el bolsillo (p. 39). Partiendo de una premisa absurda o falsa, se encadenan lógicamente los hechos: «Es que, como es negro, pues tiene su geniecillo... Pero el pobre no tiene la culpa... El, ¿qué se le va a hacer, si se cayó de una bicicleta?... Peor hubiera sido haberse quedado manquito...» (p. 55). Etcétera.

Por la ventana del hotel, de día, se ve este paisaje: «La montaña, con una vaca encima muy gorda, que, poquito a poco, se está comiendo toda la montaña» (p. 37). Nos acordamos aquí del Mihura dibujante de humor. Parece que estamos en el mundo del chiste gráfico. O de los dibujos infantiles. O de la pintura naïf. Es decir, de la representación gráfica sin perspectiva. Es lo que aquí falta, afortunadamente: las perspectivas lógicas, racionales, que establecen las relaciones sensatas entre los seres y hacen que todas las cosas encajen bien dentro del cuadro, cada una en su sitio.

Un efecto muy elemental: mientras Dionisio habla por teléfono con su novia, le pica una pulga. Las ternezas alternan con furiosos rascados. Desesperado, decide dedicarse sólo a rascarse; mientras tanto, don Rosario le sustituye al teléfono, muy tierno: «Sí, amor mío...» (p. 43). Luego, Dionisio vuelve a tomar el teléfono, sin que la novia haya advertido nada. El hecho de que don Rosario hable de amor por él, como un Cyrano de Bergerac viejecito, supone llevar al extremo una situación lógica a la vez que se muestra —no se dice—, de una manera sutil, que a los sentimientos inauténticos corresponden palabras mostrencas, intercambiables.

Instalados en la perspectiva confortable de lo habitual, se nos obliga, de pronto, a dar el incómodo salto mortal hacia el absurdo. El hotelero ofrece a su huésped, cuando va a dormir, un vaso de leche. Al decirle que no, le ofrece un poco de mojama (p. 44), el alimento más contrario que cabe imaginar al vaso de leche.

Con frecuencia, un diálogo o una situación nos hace imaginar los hechos de una forma determinada. Repentinamente, la situación se transforma por completo. Un ejemplo claro, entre muchos posibles. Cuando esperamos la aparición del novio de Paula, que está enojadísimo —le hemos oído gritar—, sale a escena un negro (no sabíamos que lo era) con un ukelele en la mano (p. 50).

Alguna vez, Dionisio, como el bobo de los antiguos entremeses y sainetes, interpreta literalmente las palabras:

PAULA: ¿Quiere usted que mire yo?
DIONISIO. No. No se moleste. Yo lo veré —mira por el auricular del teléfono—. No se ve a nadie (p. 53).

El humor suele suponer un contraste irónico de perspectivas [26] al que tampoco es ajeno Miguel Mihura. Para ingresar en el nuevo mundo del teatro, el protagonista tiene que adoptar el absurdo nombre de Antonini e inventarse un número sin sentido, que consiste en tirar al aire tres sombreros de copa y dejarlos caer. Así, lo notan muy normal (pp. 48 y 55). Como Dionisio Somoza, empleado, no lo comprenderían.

Unas veces, el absurdo es, pura y simplemente, lo imposible por completo. Por ejemplo, un marido con «cabeza de vaca y cola de cocodrilo» (p. 66). Otras veces, en cambio, el absurdo posee un sentido, es sentimental y hasta crítico:

FANNY: ¿Un pobre? ¿Y cómo se llama?
DIONISIO: Nada. Los pobres no se llaman nada... (p. 58).

Para el burgués paternal, en efecto, así es: una voz que pide pan, y nada más.

---

[26] Vid. Mariano Baquero Goyanes, *Perspectivismo y contraste. (De Cadalso a Pérez de Ayala.)*, Madrid, Ed. Gredos, Col. Campo Abierto, 1963.

Los personajes tímidos, a veces, están despistados, se equivocan. A Fanny le gusta un pañuelo: «Es bonito este pañuelo. (*Lo coge.*) Para mí, ¿verdad?» DIONISIO: «¿Está usted acatarrada?» Poco después, Fanny intenta camelarlo: «Oye, tienes unos ojos muy bonitos.» Y Dionisio, que está en babia: «¿En dónde?» (p. 57). La Mujer Barbuda proclama: «Yo soy una grande artista.» Y El Guapo Muchacho asiente: «Sí, señor...» (p. 65).

No vamos a insistir en caricaturas, clichés lingüísticos, diálogos incongruentes, reiteraciones, elementos desrealizadores, enumeraciones caóticas... Concluyamos este apartado con algo que es típico del humor de *La Codorniz*: matizar o atenuar lo que, por definición, no puede ser sometido a este tratamiento. Mihura lo usará en el título de alguna de sus comedias: *Ni pobre ni rico, sino todo lo contrario; El caso de la mujer asesinadita...* En *Tres sombreros de copa*, Dionisio se inventa un padre artista: «Era militar. Pero muy poco. Casi nada. Cuando se aburría, solamente» (p. 48). Le pregunta, educadamente, a Buby: «¿Y hace mucho tiempo que es usted negro?» (p. 51). El procedimiento se hace patético aplicado al tema del matrimonio. En plena fiesta, en el momento de mayor entusiasmo, Paula le pregunta a Dionisio: «¿Tú piensas casarte alguna vez?» Y él responde: «Regular» (p. 85). Al final, aclarada ya toda la historia, el débil Dionisio intenta disculparse: «Sí. Me caso, pero poco...» (p. 96). En cierto modo, ahí podemos ver, en síntesis, la tragedia que presenta la obra.

Mihura se burla (una vez más, como los autores de la vanguardia) de los tópicos sentimentales: «Ella es una santa...» «Los padres me quieren mucho... Son tan buenos...» (p. 41). «Su novia de usted es una virtuosa señorita...» «¡Ella es un ángel!» (p. 42). Se ríe de los novios cursis, que se llaman: «¡Bichito mío!» (p. 43).

A la vez, como es habitual en toda la literatura, crea un nuevo sentimentalismo, más verdadero y sencillo, encarnado en la protagonista. Dice una acotación escénica: «entra Paula, una maravillosa muchacha rubia, de dieciocho años»

(p. 46). No mira el autor con frialdad objetiva a su personaje: «Y de esto sólo se salva Paula, que vive su romance con una gran verdad. Ella únicamente se salva de todo lo ridículo, de todo lo imbécil que la rodea» [27].

Paula y Dionisio «se besan muy fuerte» (p. 87). Ahí se acaba el segundo acto, cuando Dionisio descubre, maravillado, otra clase de amor. Pero no les dejan hacer más: Buby da un golpe en la cabeza a Paula, aparece don Sacramento... La maquinaria social, detenida mágicamente un instante, se vuelve a poner en movimiento y engulle a Dionisio. En todo caso, ni siquiera en el horizonte de lo posible se ha vislumbrado un componente erótico más expreso, en la relación con Paula. Y quizás eso hubiera sido lógico y conveniente, no sólo desde la perspectiva realista (que la obra se encarga de mantener, como ya hemos dicho), sino en otro sentido más profundo: los sucesos de esa noche son algo así como ritos —imprevistos y pintorescos, eso sí— de la entrada en la virilidad adulta de ese adolescente que era Dionisio. En ese sentido, un contacto, por pequeño que fuera, con la fuerza profunda del Eros no hubiera sido, quizás, superfluo. La falta de eso hace que la obra quede un poco blanca, idealizada.

El sentimentalismo de la obra aparece voluntaria y deliberadamente frenado. Al principio, Paula «no sabe» si le gusta Dionisio (p. 72). En la despedida definitiva, el sentimentalismo se depura en ironía tragicómica:

PAULA (poniéndole el pasador de la corbata): Pero ¿estás llorando ahora?
DIONISIO: Es que me estás cogiendo un pellizco... (p. 104).

Al final, «cuando parece que se va a poner sentimental», (p. 106), el espíritu del juego —los tres sombreros de copa— triunfa sobre las penas del amor imposible.

[27] *Obra citada* en nota 16.

Se trata así, pues, de una historia de amor. Pero no sólo de eso. El amor es el reactivo que hace surgir una crisis más general, la que separa dos concepciones del mundo antagónicas. No califiquemos de antemano con grandes palabras retóricas. Sencillamente, Dionisio sólo conocía una manera de vivir, bastante aburrida, y Paula le descubre otra vida, que le gusta más. Pero ya es tarde. Y ése no es sólo el caso individual de Dionisio.

Veamos algunos detalles. Dice don Rosario: «La naturaleza toda es asombrosa, hijo mío» (p. 37). Nos hallamos, una vez más, ante la irrisión del tópico literario. Pero en esta frase hay también algo muy serio: muestra, además, la distancia que separa a este hombre convencional de todo lo natural. Dionisio era también un hombre urbano, civilizado, no natural, que aparece «con sombrero, gabán y bufanda» (p. 35). El fosilizado don Sacramento trae «levita, sombrero de copa y un paraguas» (p. 88). En cambio, ¿nos cuesta trabajo imaginarnos a Paula en traje de baño? Ella es el personaje vitalista, está mucho más cerca de lo natural: le gusta la playa, bañarse, comer cangrejos... (p. 85). Don Rosario no habla de lo que le gusta comer, por supuesto, ni tampoco don Sacramento, pero sí de lo que, socialmente, está bien o mal visto en la comida (p. 92).

Para el burgués (resulta inevitable usar esta palabra) lo esencial en las cosas no es su realidad o su utilidad concreta, sino su apariencia: «Sobre todo, se ve en seguida que son de copa, que es lo que hace falta...» (p. 42). Lo que hace falta para que se cumpla, con el sombrero de copa, la ceremonia social de la boda.

Abroquelado en sus ceremonias, el burgués no ve nada del mundo que le rodea, aunque sea tan llamativo como una bailarina y una mujer barbuda (pp. 60-61).

En las relaciones sentimentales, el mundo burgués está representado por El Odioso Señor. Sus frases se deducen unas de otras con una lógica implacable. En realidad, todo deriva del hecho de ser el más rico de la provincia. Apoyado en eso, no le queda una pizca de duda, de indecisión, de humanidad. Con sus regalos, habituales (flores, bombones) o inspirados en la literatura pícara (medias, ligas), quiere comprarlo todo y rápidamente. Va por la vida como un vendedor o un muestrario ambulante. Como una máquina, espera cobrar en un beso —discreto eufemismo— todos los regalos. La acotación escénica lo desnuda: «Ya ha perdido toda su falsa educación. Ya quiere cobrarse su dinero lo antes posible» (p. 80). No tiene dudas ni las admite en los demás. Tal como lo presenta Mihura, ni es persona ni espera relaciones personales.

En el mundo del teatro, Buby también mezcla lo sentimental con el dinero. Es violento y posesivo. Le dice a Paula: «Soy quien tiene derecho a decirte eso» (p. 53). Es, en cierto modo, un burgués de la bohemia.

Dentro del orden social establecido, amor quiere decir matrimonio. Precedido, claro, por un noviazgo como Dios manda. Diecisiete años de noviazgo fiel lleva Dionisio (p. 45), algo más de lo que, en parecida circunstancia, paseó la calle Anselmo Novillo a Felicita Quemada, en la novela de Pérez de Ayala. (En el mundo de los artistas, en cambio, el noviazgo dura sólo «dos días o tres», p. 49. Dionisio se sorprende porque Paula vive al margen de la vida familiar, página 50).

En ese largo período ha imperado la moral más puritana: ni un beso.

PAULA: ¿Tu novia nunca te besa?
DIONISIO: No.
PAULA: ¿Por qué?
DIONISIO: No puede hasta que se case...
PAULA: Pero, ¿ni una vez siquiera?
DIONISIO: No, no. Ni una vez siquiera. Dice que no puede...

Más que crítica aguda, todo esto suscita compasión:

PAULA: ¡Pobre muchacha!, ¿verdad? Por eso tiene los ojos tan tristes... (p. 101).

Casarse es una fiesta social, la gran ceremonia burguesa: «Yo me casaba porque todos se casan siempre a los veintisiete años...» (p. 97). Se casan por aburrimiento, porque la estrechez de horizontes vitales no ofrece otra cosa mejor:

PAULA: ¿Por qué se casan todos los caballeros?
DIONISIO: Porque ir al fútbol, siempre, también aburre...
(p. 100).

El matrimonio va unido a formar parte del mundo respetable. (¿Resulta impertinente recordar ahora que Mihura es solterón?) Lo dice El Odiado Señor: «Sí. Claro. Todos los señores somos casados. Los caballeros se casan siempre...» (p. 76). A este mundo volverá, al final, Dionisio, fracasado en su intento de escapar.

¿Por qué se casa Dionisio? Su explicación da idea de su estrechez de horizontes, que no es exclusiva suya: no conocía otra cosa, no podía querer otra cosa... Abrir los ojos, además de algo amargo, supone una acusación a la sociedad que le ha hecho así: «Yo no sabía nada de nada» (p. 97). Podría hacer suyas las palabras de otra víctima de una educación errónea, el protagonista de *Las novelas de Urbano y Simona*, de Pérez de Ayala: «Nada sé. No me han enseñado nada. No es mía la culpa...» [28].

Casarse aparece como una obligación social: «Piense usted que desde mañana tendrá que hacer feliz a una virtuosa señorita...» (p. 45). El ciudadano bien integrado en esta sociedad ha de cumplir, en cada circunstancia, con lo que tópicamente se espera de él: casarse, por ejemplo, significa ser feliz (p. 41).

Dionisio no lanza discursos contra el matrimonio. No critica nada ni predica nada. Simplemente, con Paula, ha descubierto un mundo nuevo. No entiende lo que le pasa: «Señorita..., también yo quisiera saber por qué digo *oui*... Yo tengo mucho miedo, señorita...» (p. 66). La borrachera le ha sacado de sus casillas habituales y se asombra de sí

---

[28] Ramón Pérez de Ayala, *Las novelas de Urbano y Simona*, prólogo de Andrés Amorós, Madrid, Alianza Editorial, Col. El Libro de Bolsillo, 1969, p. 67.

mismo: «Mi cabeza zumba... Todo da vueltas a mi alrededor.» En medio de esta nebulosa, encuentra la razón vital definitiva: «¡Pero soy feliz! ¡Yo nunca he sido tan feliz!» (página 67).

En el último acto, don Sacramento adoctrina a Dionisio. Es, quizá, la parte de la comedia más discretamente doctrinal. Le explica detalladamente qué es lo que se puede y lo que no se puede hacer, desde su peculiar punto de vista. De su discurso surge una especie de código social: el modo de vivir respetable, para un burgués, frente a la condenable bohemia.

En esquema, en esto consiste —entre otras cosas— la vida burguesa:

— no salir a pasear de noche, bajo la lluvia;
— curar el dolor de cabeza con una rueda de patata en la sien;
— llevar siempre patatas en el bolsillo;
— llevar también tafetán;
— estar en casa y recibir visitas;
— como decoración, poner retratos de familia con uniformes, fotos de niños con traje de primera comunión y cromos tradicionales de Jesús, Napoleón, Romeo y Julieta...;
— desayunar a las seis y media un huevo frito con pan (en vez de café con leche y pan con manteca);
— no ir a cines ni teatros;
— cenar a las siete;
— como juergas, recibir visitas, tocar el piano, charlar con un centenario y una paralítica... (pp. 90-93).

Estos preceptos retratan bien el empobrecimiento de posibilidades de una vida convencional, reglamentada. Varios de ellos responden a creencias o costumbres tradicionales, en trance de desaparecer. Pero ¿por qué es mejor, por ejemplo, el huevo frito que el café con leche? Parece claro que Mihura ha querido mostrar —y lo logra con indudable brillantez— cómo el espíritu autoritario, maniqueo, llega en su ordenancismo al puro sin sentido. Y se insinúa que no otra cosa son muchas de nuestras venerables tradiciones...

Frente a la habitual ceremonia, Paula también tiene su idea personal de una boda: «Y al final de la iglesia habrá un cura muy simpático con sus guantes blancos puestos (...). Y entonces le saludaremos... 'Buenos días. ¿Está usted bien? Y su familia, ¿está buena? ¿Qué tal sigue el sacristán? Y los monaguillos, ¿están todos buenos?'... Y les daremos un beso a todos los monaguillos...» (p. 105).

La boda con Paula, en esas circunstancias, sí sería bonita. Habría amor de verdad, por supuesto, pero también una ceremonia increíblemente no convencional. Con optimismo, se puede interpretar que lo malo son las bodas habituales, no la boda en sí. Con pesimismo, que la posible boda soñada no se parece en nada a las reales... En la forma habitual, en cambio —afirma Paula—, «casarse es ridículo» (p. 85).

Hablábamos antes de la visión del mundo ingenua, *naïf*, casi infantil que se da en esta comedia. (Recordemos la fascinación por lo infantil que sintió algún movimiento de vanguardia como el dadaísmo.) Hay un punto que nos parece esencial, y extraña no haya sido tenido más en cuenta: ¿cuál es la verdadera edad de los protagonistas, de todos los personajes?

Las tres lucecitas (p. 36) nos sitúan en un mundo de cuento infantil. También lo es la visión de la riqueza: «Se pasa muy bien... Uno tiene fincas... Y tiene estanques, con peces dentro... Uno come bien... Pollos, sobre todo... Y langosta... Uno también bebe buenos vinos... Mis campos están llenos de trigo...» (p. 73). Y entre los regalos galantes del Odioso Señor también aparece una carraca infantil: «No vale nada, pero es entretenido...» (p. 77).

Simpáticos o no, don Rosario y don Sacramento son viejos locos, viejos que parecen haber vuelto a la niñez. Todos los que asisten a la fiesta hacen niñerías. Otro ejemplo de infantilismo es el de los huéspedes habituales del hotel, que se alegran de ver lucecitas, y más si una es roja (p. 36). De una manera o de otra —parece decirnos Mihura—, el mundo está lleno de niños, los hombres graves y respetables también hacen niñerías. Y eso les salva del total acartonamiento antivital.

En cierto modo, Dionisio sigue siendo un niño. «Siempre es el mismo muchacho sin voluntad» (p. 62), nos dice el autor en una acotación. Reacciona, «rabioso como un niño» y «medio llorando» (p. 57) ante lo que un adulto normal interpretaría como agradable invitación erótica. Sus diversiones seguían siendo las de un niño: «bañarme en el mar, y comprar avellanas, y dar vueltas los domingos alrededor del quiosco de la música, y silbar en la alameda 'Las princesitas del dólar'...» (p. 41).

Paula es también una niña, pero de muy diferente manera. Se divierte portándose con Buby como lo haría un niño travieso: «Le estoy haciendo rabiar... Me divierte mucho hacerle rabiar... Y no le pienso abrir... Que se fastidie ahí dentro... (*Para la puerta*). Anda, anda, fastídiate...» (página 47).

Paula es muy joven. Todavía está creciendo, en sentido literal, y se alegra mucho de ello (p. 101). Hay algo significativo, no casual, en este rasgo: es la flexibilidad, la falta de anquilosamiento. Su cuerpo, como su espíritu, pueden cambiar todavía. Si no ignora los problemas, su juventud le permite pasar con una alegre inconsciencia sobre ellos. Pero se siente sola y teme al paso del tiempo.

Al final de la obra, la sonrisa y el gesto alegre convierten a Paula en el símbolo de la juventud: una juventud utópica, irreal, despreocupada, con alegría de vivir. Es el símbolo de la alegría pura, incontaminada: el paraíso perdido que todos buscamos, el universo del niño que tanto fascinó a los vanguardistas, la infancia añorada. Los psicoanalistas podrían encontrar diversas interpretaciones a este personaje. Para el hombre de la calle, Paula puede representar ese ansia de alegría, de felicidad, que situamos en una infancia soñada: no la efectivamente vivida, sino la que hubiera podido existir si el mundo fuera de otro modo.

Cuando Paula y Dionisio se enamoran, los planes en común que se les ocurren son juegos de niños: ir a la playa, hacer castillos y volcanes en la arena, comer cangrejos. Expresamente dice: «*Como dos niños pequeños, ¿sabes?*» (página 83).

Estos juegos poseen un fondo de seriedad: es la capacidad de disfrutar de las cosas sencillas, del juego, en su sentido más elemental y puro. Es, también, la nostalgia de la inocencia, del paraíso que todos hemos perdido. A la vez, una barrera frente al mundo, la creación de un recinto de intimidad: «¿Lo estás viendo, Dionisio? Ninguno de estos caballeros sabe hacer con arena ni volcanes, ni castillos, ni leones. ¡Ni Buby tampoco! ¡Ellos no saben jugar!» (p. 84). Su amor también es *naïf*.

¿Qué era Dionisio antes de conocer a Paula? Un niño algo envejecido; pero un niño, no un verdadero adulto, con madurez personal. Dionisio no había vivido de verdad, no conocía la vida auténtica, sino la encorsetada por mil normas de prudencia, educación, decencia, compostura, urbanidad... Lo que hay que hacer, lo que está bien visto, lo que no hacen nunca las personas decentes... Y todo esto viene de la educación que le dieron, del ambiente en que había vivido.

Claro que podía haber reaccionado contra todo ese ambiente. Para ello, en realidad, le hacían falta dos cosas:

1. Conocer otras posibilidades. Hasta ahora, ni sospechaba que existieran. Es lo primero que hace Paula (y el ambiente nuevo): abrirle los ojos.

2. Luchar heroicamente contra todos los lazos que ya le tienen agarrado. El no podría hacerlo (no lo hará, al final) porque no es, de ningún modo, un héroe, sino un hombre medio, sin especial fuerza de voluntad, como tantos otros.

Esto es lo verdaderamente grave que sugiere —en 1932, recordémoslo— la comedia: como Dionisio puede haber, en las provincias españolas, muchos seres alicortados, que pasan por el mundo sin conocer nada de la verdadera vida, una inquietud grande, una pasión loca, un amor... A ellos sí se podría explicar la célebre frase francesa: «La vrai vie est absente.» Y esto nos revela la directa dimensión social de la obra: una requisitoria contra la vida incompleta, rutinaria, insatisfactoria, artificiosamente limitada en tantos Dionisios españoles. En este sentido, Dionisio es un hermano de Urbano, el ignorante sexual de la novela de Pérez de Ayala, o de los héroes de Gabriel Miró, que aspiran a una vida más plena. En ese sentido, la comedia no estaría tan lejana de todas las obras contemporáneas —D. H. Lawrence y Henry Miller incluidos, por supuesto— que exaltan el vitalismo frente a cualquier imposición externa. Aunque aquí —ya lo sabemos— el tono sea más blandamente sentimental, y la clave, humorística.

Por eso era un niño Dionisio, de forma muy diferente a como lo sigue siendo Paula. Y hubiera sido —diríamos— un *puer aeternus* si no hubiera entrado Paula en su habitación del hotel aquella noche. El niño Dionisio es, externamente, el más adulto, el más grave y respetable. La lección está clara: el que parece más adulto, el que más lo es en un sentido externo, es en realidad el menos maduro, el menos hombre. Quizá, por eso, a pesar de todo, el final de la comedia no sea tan cerradamente pesimista como parece.

Hay una historia sentimental que sí acaba bien en la obra, a pesar de su apariencia grotesca: es la de Fanny y El Anciano Militar. El ha logrado vencer su egoísmo y ha dado todas sus cruces a Fanny: símbolo de que ha tirado por la borda toda su respetabilidad burguesa. De tipo genérico se ha elevado a persona individual, con nombre propio (Alfredo) y sueñan con tener un niño rubio.

No es ése el caso de Dionisio. Al final, vuelve a su novia y abandona a Paula. Vuelve a su mundo. Quizá, nunca lo había abandonado. No toma una decisión expresa: simplemente, se deja empujar por la cadena de circunstancias que lo arrastran. Al fondo plantea también, indudablemente, el escándalo que —por timidez y educación— le horroriza. El mismo advierte que su futuro no es muy feliz: «Tendré unos niños horribles... ¡y criaré el ácido úrico!» (p. 101). El final significa un explícito rechazo del sentimentalismo. Paula «tira los sombreros por el aire y lanza el alegre grito de la pista: '¡Hoop!' Saluda. Sonríe» (p. 106). Sobre los recuerdos sentimentales triunfa la vida, el mundo del teatro y el circo, el juego cotidiano... Pero el espectador no puede dejar de sentir que el mecanismo social ha engullido a un individuo más, que sólo quería ser libre para intentar ser feliz. (Y yo, lector o espectador de la obra, tampoco soy libre.)

Sin dramatizar, sin hacer literatura, no cabe duda que el final es pesimista. Para Gonzalo Torrente, su mensaje es «llamar estúpidos a todos los que, pudiendo vivir, prefieren la fría regularidad de la costumbre a la maravillosa espontaneidad de la vida» [29]. El propio autor, poco amigo de declaraciones claras y rotundas, nos dice que «es la comedia donde más tontamente se malogra, para toda la vida, una estupenda felicidad» [30].

La vida sigue, sí, en todo caso, con el vuelo de los sombreros de copa, pero la rutina ha vencido a la vida. Eso es lo lógico, dado el carácter no heroico de Dionisio. Absurdo, contrario a la lógica dramática sería haberle cambiado de arriba abajo en unas horas. Eso sería, simplemente, un *happy end.*

Entonces, ¿ha sido todo en balde? ¿Se borrará, simplemente, la relación con Paula y el descubrimiento de un nuevo mundo? Quizá no, si se piensa que una experiencia auténticamente vivida nunca se pierde del todo. Para el que los haya vivido, quedará el recuerdo de unos momentos al margen de la lógica, de la respetabilidad, etcétera. Y la huella que hayan dejado en Dionisio. El ha conocido algo de la verdadera vida. Por lo menos, se le han abierto los ojos a otras maneras posibles de vivir. Aunque no haya tenido valor (¿convicción, firmeza?) para abandonarlo todo por

[29] Gonzalo Torrente Ballester, *obra citada* en nota 9, p. 456.
[30] *Obra citada* en nota 16.

ellas, no es probable que las olvide del todo. Y quizá, de alguna manera, iluminen un poco su vida futura.

Desde un punto de vista existencial, un personaje, en una noche insólita, *toma conciencia* de la inanidad de los valores por los que hasta entonces se regía y *se convierte* a un nuevo sistema de valores, aunque carezca de la fuerza necesaria para romper toda la trama de ligaduras sociales.

Usando el título de una comedia de Saroyan [31], diremos que Dionisio ha vivido, esa noche, un «momento de su vida»: un auténtico momento vital, de existencia positiva, de los muy pocos que surgen en medio de la mecánica rutina cotidiana. Por sí solo, un momento de ésos es ya una conquista preciosa; *a joy for ever*, más hermoso que cualquier cosa bella.

Con un humor increíble —cercano al de la vanguardia y el absurdo, pero profundamente personal—, la comedia presenta ante nuestros ojos, en forma vivida, el conflicto de los convencionalismos sociales con la vida libre. No hace eso en abstracto, sino con bastantes referencias a España, a la vida provinciana, a las costumbres tradicionales. Eso tiene una función revulsiva (no revolucionaria) evidente.

Ni esto ni esta clase de humor lo puede aceptar bien un público burgués. El humor absurdo de Mihura (lo hemos comprobado en nuestras clases) sigue desconcertando a muchos lectores o espectadores de mentalidad lógica, racionalista. Y, si se acostumbran a este estilo, será porque ven en él una pura fórmula para hacer reír. Más difícil les será aceptar, por ejemplo, esta concepción del matrimonio burgués, la demostración de cómo nos tiranizan los vínculos sociales, la mirada desencantada y pesimista del autor, el final amargo.

A los cuarenta años de escrita la obra, como es inevitable, unos elementos se asimilan, pasa la novedad de otros, se mantienen vigentes algunos. Permanece vivo el admirable sentido del humor: nos enseña a reírnos de tanto cartón piedra que nos rodeaba en 1932 y en 1952, que nos sigue rodeando en la década de los 70.

[31] Lo hizo ya Ricardo Domenech, *estudio citado* en nota 6.

FRANCISCO NIEVA:
PROPUESTA ESCENICA PARA
«Tres sombreros de copa»

La comedia de Mihura es fenómeno aislado en el panorama teatral español de aquellos años en que, tras varias vicisitudes y retrasos, logra estrenarse. Sin que su autor dé sino muy prosaicas indicaciones escenográficas, es posible hoy día —y hubiese sido probable entonces, de encontrarse los oficios teatrales en España en un estado superior de evolución— concebir una puesta en escena que resumiese plásticamente cuánta modernidad premonitoria encierra la obra. Es ventana abierta (y, poco después, entornada) a una renovación profunda y extensa del nuevo «tempo» y el nuevo «tono» que va a ir apoderándose del teatro fuera del país. Esa ventana queda olvidada durante varios años; nadie adivina tras ella la menor promesa. Por ello mismo, nuestra estima hacia la primera obra de Mihura es mayor.

Ignoramos —al menos yo— qué clases de vientos han soplado para el autor al detectar la nueva estética y si sus estancias en Estados Unidos han tenido con ello relación. Un trabajo de guionista en Hollywood pudo permitir a Mihura observar dentro de la comedia cinematográfica americana la insinuación de un humor absurdo que poco tiempo antes se había manifestado con caracteres menos leves y comerciales en países centroeuropeos. Todo tipo de emigración, entre la que contaba los muchos intelectuales de origen semita evadidos o expulsados de Alemania, llevó a la entonces Meca cinematográfica un sentido de lo escénico contemporáneo del expresionismo abstracto. Y esta obra de Mihura, en algunas cosas próxima al teatro de Jardiel, pero en otras mucho más allá en su descuido de la verosimilitud tradicional, da señales, a veces muy evidentes, de haber asimilado dicha corriente. Alain van Crugten, en su prefacio a una selección en lengua francesa del teatro de Stanislaw Ignacy Witkiewicz (Editions l'Age d'Homme, Lausanne, 1969, pág. 21) dice refiriéndose a su teoría de la forma pura, apoyada en ejemplos

prestados a la pintura, a la escultura y a la música, que poco
más tarde se concreta en un nuevo sentimiento de la poesía
teatral. Y éste es el aspecto que más nos interesa en tal caso.
Traducimos: «… Quiere [Witkiewicz] que la poesía y el teatro nazcan del mismo sentimiento metafísico del artista creador y comuniquen el desasosiego metafísico al espectador y
auditor. Nos explica que el teatro es un arte sólo por haber
brotado de los misterios religiosos y que, como la religión,
halla su origen en el Sentimiento Metafísico. Aunque contra-
riamente a la pintura y a la música, que son «artes puros»,
ya que están compuestos de elementos homogéneos (colores
y sonidos), el teatro es un arte complejo, en el que los elementos son los hombres y sus actos. Es, pues, inevitable que
el teatro sea mancillado por elementos que Witkiewicz nom-
bra desdeñosamente «vitales» y que haya tenido que recurrir, mucho más que la propia pintura, a la reproducción
de la vida.» Añade el autor del prefacio que, así como se
ha podido manifestar con mayor libertad en otras artes
que el teatro, un sentimiento angustioso de insatisfacción
metafísica (insatisfacción por la forma), la escena no sólo
no podía experimentar esa forma de insatisfacción, sino que
continuaba encerrada en un terco realismo. Este razona-
miento nos sitúa sobre la pista de algo ya manifiesto en
Tres sombreros de copa, comedia bien premonitoria del
«teatro del absurdo». Mihura, en el momento en que concibe la obra, no posee todos los elementos suficientes para
lograr un producto redondo y armónico, pero ya basta con
que haya proporcionado otros elementos bien definidos por
sí mismos, evidentes en el diálogo y en alguna que otra situación aislada. En el conjunto, el argumento sigue una línea razonable de verosimilitud convencional —siempre re-
querida por el público de la época—, pero se insinúan, aparte del logro que de por sí constituye el diálogo, un algo de
situación kafkiana, irresoluta y angustiosa. A pesar de que
se resuelva finalmente por un camino de magia ternurista
no exento de eficacia teatral, usada y bien usada posterior-
mente por el autor.

Mas esta parte premonitoria —premonitoria aunque ni siquiera fueran ajenos a Mihura los *gags*, también encaminados al mismo fin humorístico apoyado en amplios toques de poesía e irracionalidad, de los hermanos Marx— basta y sobra en *Tres sombreros de copa* para dar a la comedia la posibilidad de una disparatada experimentación respecto a su posible interpretación plástica. Sin olvidar tampoco el estilo de recitación, tratamiento de voces, actitudes, etc.

Por esto es útil insistir reiteradamente en el hecho insólito y de ruptura que la comedia de Mihura significa incluso frente a la disparatada verosimilitud a la que siempre permanecieron encadenados Jardiel o, con anterioridad, Arniches. Por este elemento, en aquel momento del todo excepcional es posible hoy concebir para *Tres sombreros de copa* una puesta en escena en la que también sea posible emplear recursos escénicos de muy estricta actualidad. Elementos poéticos, irracionalistas, mágicos..., sin que el director o el escenógrafo «deban» justificar naturalísticamente su empleo frente a un público que, al presente, capta con mayor facilidad el significado de ciertos signos o símbolos, ambiguos por su propia amplitud. Rindamos, pues, justicia a esta comedia inaugural.

Así entendida la comedia, sus posibilidades de «recreación» alcanzan todavía una gran amplitud. Nos da pie para un tratamiento abierto, complejo y libre a la vez. Para ello no tiene por qué sernos ajena la evolución de los estilos plásticos, la de la música e, incluso, la de la interpretación (estilización gestual, expresionismo, sintetización, etcétera).

El ámbito escénico que el autor sugiere es una habitación de hotel; pero en contra de lo conscientemente sugerido en el escritor, existe una sugerencia más amplia de «espacio angustioso, lugar de maravillas, terreno de lo insólito». Una muestra fehaciente de la «contemporaneidad» de que aún se halla investida la obra primera y más profunda de Mihura. Precisos o imprecisos, los elementos de puertas, balcones, armarios, camas..., son «tratables» a otro nivel que el de su propia materialidad como atrezzo y escenografía puramente funcionales. Susceptibles todos de un tratamiento reelaborado y poético. Por semejantes indicios podemos comprobar hasta qué punto Mihura se acercaba, hace ya tantos años, a un teatro que, no sólo es aún moderno, sino que es la forma más amplia y lograda de lo que para nosotros es hoy el único teatro moderno, aunque a tal esquema se fuerce a que se plieguen comedias cuyo concepto inicial se encuentra en las antípodas del que tan espontáneamente se manifiesta en *Tres sombreros de copa*.

Incluso situando la acción en la época precisa en que la comedia fue escrita, la estética sobre la que se yergue no impide ni limita en modo alguno semejante tratamiento. La ironía sobre las modas y los estilos de aquel momento es otro coadyuvante muy positivo.

Me complace describir uno de los ejercicios que en la Escuela de Arte Dramático de Madrid se hizo a propósito de *Tres sombreros de copa*. Ejercicio de escenografía en el que la inspiración de un joven alumno, bien imbuido de las últimas tendencias escenográficas, se produjo sin la menor duda estimulada por el margen de libertad interpretativa que ofrecía la obra.

Un ciclorama alejado en que los papeles pintados con vieja ornamentación cubista y las nubes daban la inquietante y cambiante impresión de un interior que se deshace o descompone. Puertas al aire con sólo algún trozo de muro adherido y con restos de la misma ornamentación. La gran cama del hotel en el centro, cama desvencijada y viajera, calzada en sus cuatro patas por cuatro inmensas botas. El teléfono adyacente a la cama se hallaba acoplado a un poste de teléfonos, cuyos hilos algo vencidos se unían a otro poste más lejano y los de éste a otro todavía mucho más distante, creando una impresión de desolación y distancia. El armario de hotel, el biombo, el lavabo, permanecían en un aislamiento mágico y también desolado, erigidos en extraños símbolos o en expresivos concentrados de sí mismos. Era, pues, una impresión muy específica que pudiéramos llamar de «situación interrogante y angustiosa». Un algo encapotado y misterioso: la noche, la ciudad de provincia, la amenaza de un destino ignoto. Dentro del absurdo de las imágenes se imponía por encima de todo una como experiencia existencial tan viva como irresoluta, y de ahí todo su encanto incluso humano a despecho de tanta sintetización o, acaso, quién sabe si a causa de tan acertada sintetización y efectista economía de todos los elementos puestos en juego. Dicha interpretación subrayaba de forma infinitamente más expresiva el texto que la descripción del lugar dada inicialmente por el autor. De hecho, tan acertada escenografía no hacía sino abundar positivamente en todo lo que, en su desarrollo, iba proponiendo el diálogo de Mihura como fundamento de un teatro liberado de ataduras realistas aunque no prófugo del espíritu más humano. No hay mejor prueba a la que someter un teatro tan justificadamente contemporáneo y vigente.

«Escuadra hacia la muerte» (1953), de Alfonso Sastre

Hace una decena de años, presentando un libro de Alfonso Sastre, escribía José Monleón: «No es éste, no puede ser, un prólogo desapasionado (...). Porque el combate de Alfonso Sastre por la regeneración del teatro español —y uso deliberadamente los términos del famoso manifiesto unamuniano— es un poco el combate de todos»[1].

¿Qué decir ahora, cuando escribimos estas páginas a la altura de 1975? Alfonso Sastre sigue alejado de los escenarios comerciales madrileños desde *Oficio de tinieblas* (1967), y su presencia anterior se remonta a *En la red* (1961). Su libro de ensayos *La revolución y la crítica de la cultura* (1970) suscitó amplias polémicas. En este mismo año de 1975, el dramaturgo ha pasado una larga temporada en la cárcel, después de haber sido detenido (junto con su mujer, Genoveva Forest) a raíz del asesinato de Carrero Blanco.

A la vez, *Escuadra hacia la muerte* debe ser ya considerada una obra clásica; como muestra, acaba de ser incluida en una de las más prestigiosas colecciones españolas de clásicos, junto a las obras de Berceo, Góngora o Pedro Salinas[2]. ¿Qué significa esto para los jóvenes de hoy? No lo

[1] José Monleón, «Un testimonio apasionado», en Alfonso Sastre: *Cargamento de sueños. Prólogo patético. Asalto nocturno*, Madrid, Ed. Taurus, Col. El Mirlo Blanco, 1964, p. 7.

[2] Alfonso Sastre, *Escuadra hacia la muerte. La mordaza*, edición, introducción y notas de Farris Anderson, Madrid, Ed. Castalia, Colección Clásicos Castalia, núm. 61, 1975.

sé, pero, desde luego, no está vigente ya la emoción con
que tantos TEUS y grupos teatrales de Colegios Mayores,
hace unos años, ponían en escena, incansablemente, *Escuadra hacia la muerte* y *Los justos*, de Camus.

Un autor, así pues, situado en el remolino de muchas pasiones, y una obra que fue revolucionaria, quizá; pero que
ya empieza a ser un clásico. Como siempre, pero muy especialmente en este caso, conviene hacer un esfuerzo por alcanzar la objetividad, la debida perspectiva histórica.

Alfonso Sastre nació en 1926; al estrenarse *Escuadra hacia la muerte* tenía, pues, veintisiete años. Ese mismo año
concluyó sus estudios universitarios de Filosofía y Letras.
Había estrenado ya algunas obras:

— *Ha sonado la muerte* (1946), en colaboración con Medardo Fraile.

— *Uranio 235* (1946).

— *Cargamento de sueños* (1948), en el Instituto Ramiro
de Maeztu.

Además de esto, Sastre había participado ya en empresas
teatrales de signo renovador, junto con sus amigos Alfonso
Paso, Medardo Fraile y José María de Quinto. En 1945 creó
el grupo experimental Arte Nuevo. A partir de 1948 desarrolló una fecunda labor como ensayista y crítico sobre temas
teatrales en la revista *La Hora*.

En 1950 se embarca en una empresa nueva y más am-
biciosa: el Teatro de Agitación Social. En su Manifiesto, que
redactó junto con José María de Quinto, leemos lo siguiente: «Nosotros no somos políticos, sino hombres de teatro;
pero como hombres —es decir, como lo que somos primaria-
mente—, creemos en la urgencia de una agitación de la vida
española. Por eso, en nuestro dominio propio (el teatro),
realizaremos ese movimiento, y desde el teatro, aprovechan-
do sus posibilidades de proyección social, trataremos de lle-

var la agitación a todas las esferas de la vida española»[3].
Subrayemos lo que supone publicar esto en la España de
1950, aunque luego se afirme que no se propugna un «teatro de Partido» y, efectivamente, en la lista de autores sobre los que se piensa trabajar aparezcan Gabriel Marcel y
John Galsworthy junto a Jean Paul Sartre y Bertold Brecht.
El intento queda en proyecto, como tantos otros de la vida
cultural (y, sobre todo, teatral) española.

En 1949 escribe Sastre: «Probados los frutos prohibidos,
he regresado al realismo.» Del año 1952 es su polémica con
Eusebio García Luengo, «Sobre las formas sociales del drama». En el mismo año en que estrena *Escuadra hacia la
muerte* participa en la fundación de la *Revista Española*
con Aldecoa y Sánchez Ferlosio, en los que generosamente
confió don Antonio Rodríguez-Moñino. Se trata de una empresa intelectual de enorme interés, que todavía no ha sido
suficientemente estudiada, y decisiva para el ambiente cultural de aquellos años.

No era, pues, un desconocido al estrenar *Escuadra hacia
la muerte.* Veinte años después, Alfonso Sastre enjuiciará con
dureza su actitud intelectual en este período: entonces, «yo
desdeñaba prácticamente toda la literatura española contemporánea. (¡Mis debates íntimos eran con Ibsen, Strindberg,
O'Neill, Pirandello, Lenormand, Toller y Sartre, entre otros
muchos escritores extraños!)». No es de extrañar, teniendo
en cuenta lo que supone para un joven formarse intelec-
tualmente en la España de entonces. A la vez, Sastre había
«enarbolado la bandera del *realismo* contra lo que entonces
yo llamaba la 'literatura de inhibición'. ¡Ni inhibición (social)
ni exhibición (política): testimonio! Tal era la (mi) precaria
tesis de un teatro político no partidista: amplio y comba-
tiente, pero no desde los apriorismos que con seguridad con-
lleva la 'sumisión' a una determinada disciplina política». Y
Sastre, en 1972, se encarniza en esta etapa suya: «Pobre de
mí: especie de humanista cristiano, enredado en una suerte

---

[3] Este manifiesto, junto con otros interesantes documentos, está
recogido en el volumen citado en nota 1, pp. 97-101.

de moralismo libertario ante la trágica necesidad revolucionaria y sufriendo —en cuanto 'Mitsein' y 'Sein-zum-Tode'— las acometidas de la angustia»[4]. A pesar de la ironía y de la condena tajante, el texto nos parece interesante para conocer su universo mental en la etapa de *Escuadra hacia la muerte*.

En 1960, Alfonso Sastre emprende otra aventura, la creación del Grupo de Teatro Realista. En la Declaración inicial, que vuelve a firmar con José María de Quinto, explican que quieren realizar «una investigación teórico-práctica en el realismo y sus formas», entendido en un sentido muy amplio y de ningún modo como «llamada al naturalismo»[5]. Este grupo promovió tres estrenos: *Vestir al desnudo*, de Pirandello; *El tintero*, de Carlos Muñiz, y *En la red*, del propio Sastre. Años después, declara éste que considera lo más importante de lo que ha hecho sus tres intentos de labor colectiva teatral[6].

Alfonso Sastre ha evolucionado, ideológica y teatralmente. Por resumirlo en una corta frase, anotemos sólo que su «toma de conciencia» ha consistido, ante todo, en «una orientación de mi interés dramático hacia el gran tema de la transformación revolucionaria del mundo»[7].

Escuadra hacia la muerte surge, dentro de los antiguos miembros del Arte Nuevo, por el proyecto inglés, que luego no cuajará, de llevar a Londres una obra nueva española. Según Farris Anderson, ello influye de algún modo en la obra: «Dado el carácter experimental de la compañía y el destino londinense de la obra, Sastre no se siente, al escribirla, condicionado por las convenciones de la escena española; así se explica la ausencia de personajes femeninos, la estructura no

---

[4] *Triunfo*, núm. 507, especial sobre la cultura española del siglo XX, Madrid, 17 de junio de 1972, p. 81.

[5] *Obra citada* en nota 1, pp. 115-116.

[6] En Diego Galán y Fernando Lara, *Dieciocho españoles de posguerra*, Barcelona, Ed. Planeta, Col. Biblioteca Universal Planeta, 1973, página 255.

[7] Alfonso Sastre, «Teatro de vanguardia, regreso al realismo y experiencia épica», en *obra citada* en nota 1, p. 139.

convencional y la escena de extraordinaria violencia que es el asesinato del Cabo»[8].

La autocrítica de la obra, que apareció en los periódicos y luego fue olvidada, nos presenta a un Sastre lógicamente inseguro, pero que exige ser tomado en serio: «Con *Escuadra hacia la muerte* me gustaría ingresar humilde y a ser posible tranquilamente en la nómina de los autores españoles de hoy; nómina a la que, en cierto modo, pertenezco desde el estreno, hace años, de varias piezas experimentales. Desde aquellos estrenos hasta hoy ha corrido para mí un tiempo de observación y de crítica; un tiempo en el que he declarado la máxima exigencia para los hombres y las cosas del teatro español. Bajo el peso de esta misma exigencia escribo mis dramas. Y a la hora de someterme yo al juicio de los demás, deseo que la crítica y el público me traten con la misma severidad y el mismo rigor con que yo he procurado siempre considerar la obra y la tarea ajenas. Nada me dolería tanto como una benévola, transigente y compasiva consideración.»

El drama lo estrena el Teatro Popular Universitario, en el Teatro María Guerrero de Madrid, la noche del 18 de marzo de 1953. Además de los preparativos de las Fallas, la prensa, ese día, subraya la explosión atómica en el desierto de Nevada, el abucheo a Tito en Londres y la grave enfermedad de Pío XII. La música española está de luto por la muerte de Conrado del Campo, a la vez que se hace un gran homenaje a Leoz en el Ateneo. Ataúlfo Argenta dirige la Orquesta Nacional y triunfan los pianistas Iturbi y Carra. En fútbol, España vence a Bélgica por tres goles a uno, en Barcelona.

En la Gran Vía se estrenan *Río Rojo* y *Solo ante el peligro;* pero es también el cuarto mes de éxito de *El derecho de nacer;* según la propaganda, «no la resistirá sin llorar».

En las noticias teatrales, está enfermo Enrique Borrás y vuelve de América Lola Membrives. Sigue el éxito de

[8] Farris Anderson, *estudio citado* en nota 2, p. 15.

Don José, Pepe y Pepito en el Lara, ya con más de doscientas representaciones, y se anuncia la función especial por su santo.

Dos autores españoles tienen dos obras en cartel. El maestro Benavente, con *El alfiler en la boca*, en el Infanta Isabel, y *Almas prisioneras*, en el Alvarez Quintero, y el más joven Joaquín Calvo Sotelo: acaba ahora sus representaciones *La mariposa y el ingeniero*, en Lara, y ocupa —salvo esa noche— el María Guerrero *El jefe*, con Mary Carrillo y Enrique Diosdado. Obtiene buen éxito cómico Fernando Fernán Gómez con *La vida en un bloc*, de Carlos Llopis, en la Comedia. El mismo día que la obra de Sastre se estrena en el Español *Los estudiantes*, «una diversidísima historia del entremés en España», en versión del ex vanguardista Ernesto Giménez Caballero, que recibe críticas malas y es sustituida pronto por el premio Lope de Vega, *Murió hace quince años*, de Giménez Arnáu. En el Cómico hacen reír Aurora Redondo y Valeriano León con *La huérfana de dos hermanas*, de Paso y Juanes.

La comedia extranjera está representada sólo por la reposición de *La importancia de llamarse Ernesto*, de Oscar Wilde, dirigida por Cayetano Luca de Tena, y uno de los juguetes cómicos a la medida de Lilí Murati, *Una doncella francesa*, de Deval, en el Reina Victoria.

Al lado de esto, cuatro revistas. Sigue el éxito de *A vivir del cuento*, por la compañía de Muñoz Román, en el Martín. Como «homenaje a la belleza y casticismo de la mujer madrileña» se presenta en el Albéniz *Una conquista en París*, de Paso, Montorio y Algueró. También de Manuel Paso es *Conquístame*, en el Madrid. Y dos autores importantes, Carlos Llopis y García Morcillo, colaboran en *Abracadabra* para el lucimiento de Zori, Santos y Codeso.

Todavía hay que recordar tres espectáculos folklóricos con nombres tan pintorescos como *Su alteza el pirata*, de Ochaita, Valerio y Solano, con El Príncipe Gitano y Dolores Vargas, en el Calderón; *La copla andaluza*, de Quintero y Guillén, en el Fuencarral, y el espectáculo de Gloria Moreno, *España, novia del mundo*.

Junto a todo esto aparece en la cartelera madrileña *Escuadra hacia la muerte*. Es curioso señalar que, en el anuncio de *ABC* se cita sólo (¿intencionadamente o por errata?) al grupo teatral y el título de la obra, pero no su autor. La dirección es de Gustavo Pérez Puig y el decorado de Leo Anchóriz. Este fue el reparto del estreno:

Soldado Adolfo Lavin	Agustín González
Soldado Pedro Recke	Félix Navarro
Soldado Luis Foz	Fernando Guillén
Cabo Goban	Miguel Angel
Soldado Javier Gadda	Adolfo Marsillach
Soldado Andrés Jacob	Juan José Menéndez

Es curioso comprobar la presencia de varios actores, entonces muy jóvenes, que llegarán a ser grandes figuras, y de un director luego muy popular en el teatro comercial y la televisión. Marsillach fue aplaudido, según *ABC*, «al término de un alucinante monólogo». El paso del tiempo produce curiosas ironías: Marsillach y Pérez Puig, compañeros entonces para dar a conocer a un autor inconformista, han polemizado acremente en 1973 sobre la honestidad de su labor y la actuación de la censura.

Parece claro que existía entonces un ambiente predispuesto ya por las anteriores actividades teatrales de Sastre. José María de Quinto ha escrito una evocación emocionada del estreno: «Creo que no olvidaré, que no olvidaremos muchos amigos de Alfonso Sastre —Ignacio Aldecoa, Rafael Sánchez Ferlosio, Carmen Martín Gaite, etc.— la noche del estreno de *Escuadra hacia la muerte*. ¡Cuánto sufrimos y cuánto gozamos! Por vez primera, incluso enemigos irreconciliables del teatro como era Ignacio Aldecoa, pudimos ver hasta qué punto desde un escenario era posible hacer algo importante y hermoso. No hay que olvidar el contexto de aquellas fechas, la precariedad en que se desenvolvía nuestra escena, y no hay que olvidar tampoco que *Escuadra hacia la muerte* era, sin duda, el primer grito existencial y profundo del teatro español de postguerra»[9]. El párrafo posee, creemos, un valor testimonial innegable.

Domingo Pérez Minik insiste en algo parecido: «Estamos seguros que hubo de producirse en aquel espectador un estado de emoción, de perplejidad y de contradicción extraordinarios.» Ante todo, porque (por raro que hoy nos pueda parecer) «hasta este momento, después de nuestra guerra, no se había llevado al escenario un episodio bélico donde el valor y la significación de la lucha por las armas entre los hombres se sometiera a debates polémicos»[10]. No cabe pensar, desde luego, en un teatro puro, al margen de su concreta circunstancia histórica.

Parece ser que la obra estaba pensada para función única. El éxito hizo que se repitiera los días 22 y 24 de marzo. Luego, fue prohibida. «Hubo de morir por presiones políticas contrarias a la obra», según Haro Tecglen[11]. En su obra inicial, afirma Castellet que «pudo pasar a representaciones comerciales de no haber mediado una absurda prohibición»[12]. La perspectiva que da el paso del tiempo permite, en efecto, ver lo absurdo de esta prohibición, desde cualquier posición ideológica. (Pero, ¿no acaba sucediendo así con todas las prohibiciones?) Así se contribuía, por otra parte, a forjar un mito.

La crítica fue pronto favorable. Un crítico tan poco revolucionario como Alfredo Marqueríe señala, con pintoresca literatura, que «todo en ella es ambicioso, sobrecogedor y tremendo, y abriga en el escenario la inquietud y la tortura de la generación y del tiempo». Tres años después del estreno, Angel Valbuena Prat incluye una foto de la obra en su *Historia del teatro español*[13], aunque en el texto no se ocupa con-

[9] José María de Quinto, «Breve historia de una lucha», en *obra citada* en nota 1, p. 52.

[10] Domingo Pérez Mink, «Se trata de Alfonso Sastre, dramaturgo melancólico de la revolución», *ibidem*, p. 15.

[11] Eduardo Haro Tecglen, «Introducción a Alfonso Sastre», *ibidem*, página 72.

[12] José María Castellet, *Notas sobre literatura española contemporánea*, Barcelona, Ed. Laye, 1955, p. 84.

[13] Barcelona, Ed. Noguer, 1956.

cretamente de ella. Para alabarla, A. Rodríguez de León, en *ABC*, cita unos versos nada menos que de *Las reglas del drama*, de Quintana.

Un compañero de Sastre, Ignacio Aldecoa, escribe poco después del estreno, subrayando el sentido universal de la obra: «Tras de la *Escuadra*, de Alfonso Sastre, se oculta el fruto dulce y amargo de nuestro momento histórico. La trágica seguridad de una catástrofe, que huimos imaginar, pero hacia la cual camina el mundo; la incertidumbre y la desesperanza del hombre de hoy, condenado a formar en una escuadra hacia la muerte, en un mañana próximo quizá: he aquí el tremendo cargamento de sugerencias con que llama a nuestra conciencia la obra de Alfonso Sastre»[14].

El entusiasmo máximo se da, quizás, en un crítico de tendencia progresista y abierto a las corrientes europeas como es Domingo Pérez Minik. Subraya el lado político positivo: la rebelión contra la autoridad tiránica, contra la injusticia de la guerra. Cree que es «un drama social de acción directa, terminante y contundente, expuesto en una forma desconocida en nuestro país, dura, densa y sustantiva». Califica a los soldados de «pequeños o grandes héroes subversivos», y el estilo de la obra le parece «estilo fiscal, estilo de apremio, asedio y bloqueo, con su discurso corto, el pensamiento tenso y el gesto duro». Llevado de su entusiasmo, llega a negar la semejanza con las obras de Sartre y a esta afirmación, verdaderamente aventurada: «situándonos en mero espectador de estas piezas, nos atrevemos a decir lo insoportable que nos resulta *A puerta cerrada*, no sólo por el estado patológico de sus personajes, sino por la lucidez antiteatral de su dialéctica rigurosa y hasta por su forma impúdicamente brillante, y lo bien que nos sentimos, a pesar de nuestra agitación, escuchando *Escuadra hacia la muerte* por la entrañable soledad de sus personajes, por la sorda asepsia de su diálogo y por la ausencia de todo discurso planificado»[15].

---

[14] Ignacio Aldecoa, «Hablando de *Escuadra hacia la muerte*», en *Revista Española*, núm. 1, mayo-junio 1953.
[15] *Estudio citado* en nota 10, p. 21.

Este último punto es el que parece menos claro a varios comentaristas. Para José María Castellet, en 1955, «en teatro, por ejemplo, no es posible hablar más que de Alfonso Sastre». Pero se refiere básicamente a *La mordaza*, que ha tenido éxito comercial y le parece mucho mejor. Pone a *Escuadra hacia la muerte* como ejemplo de obra «en cierto modo... *de tesis*», pues da esos materiales (éticos, sociales) de un modo expreso que se manifiesta en los diálogos de los personajes. Y eso tiene el peligro de «convencer a los convencidos y excitar a los que no lo están, sin convencerles»[16].

Desde un punto de vista cristiano, José María García Escudero percibe «el eco de demasiadas lecturas y hasta de demasiadas películas», y juzga que se trata de un «teatro construido sobre literatura más que sobre la vida»[17].

La censura más seria es la que hace el agudísimo Gonzalo Torrente Ballester. Alaba el lenguaje directo y comunicativo, salvo en las delicadezas literarias del cabo Goban y las metafísicas de Javier. Lo que critica, fundamentalmente, es que «la significación es *siempre anterior* al drama, que el drama se concibe y escribe al servicio de *su* significación». Según eso, la obra no es realista, y su fuerza nace con independencia de esa significación que ha querido darle el autor. Concluye Torrente con dureza que toda la obra de Sastre es «una posibilidad de drama efectivo torcida, cuando no frustrada, por el empeño de insertarle, adecuada o inadecuadamente, una significación generalmente expresa»[18].

Muy certera y filosófica me parece la crítica de Ruiz Ramón, bastante positiva. Sin embargo, señala también un reparo en la misma línea de Torrente: «La conversión del *para mí* del dramaturgo en medida absoluta de la realidad. El *para mí* particular de Sastre no se convierte en todos sus dramas en necesario *para todos*, por lo que la realidad padece casi siempre, en alguna medida, *fuerza*, quedando ampu-

[16] *Obra citada* en nota 12, pp. 84-85.
[17] *Arriba*, Madrid, 30 de abril de 1955.
[18] Gonzalo Torrente Ballester, *Teatro español contemporáneo*, Madrid, Ed. Guadarrama, 1957, pp. 515-527.

tada por ese *para mí* absolutista y particularizador del autor» [19]. O, como aclara después: muchas veces, inmola la verdad y la complejidad de lo real a unos esquemas ideológicos.

La obra aparece subtitulada como «drama»; no tragedia, como hubiera podido esperarse. ¿No se atreve Sastre? ¿Pretendía realmente que su obra fuera una tragedia? Recuérdese que su primer libro teórico, publicado poco después, se titula *Drama y sociedad* [20].

Recordemos, finalmente, algunas declaraciones de Alfonso Sastre que nos pueden ayudar a comprender su obra. Para nuestro autor, «el sentido del trabajo intelectual y artístico está en aclarar el mundo». A la vez, se defiende de la acusación de que mantiene tesis rígidas: «Digo que el trabajo dramático es, para mí (...), una *investigación* y no una *ilustración* de tesis ideológicas previas. Bien, esto no quiere decir que yo parta del vacío ideológico, como tampoco parten del vacío ideológico los pensadores propiamente dichos, los investigadores. Mi 'punto de partida' es, esto sí, modificable por el trabajo dramático que, en alguna ocasión, ha llegado a someter a una crítica muy dura a mis propias convicciones ideológicas 'previas', enriqueciéndolas de este modo: modificándolas dialécticamente» [21].

Sobre la obra que nos ocupa, Sastre escribe: «No vale, ahora, soñar vagamente con una Europa unida y con el enrolamiento en esa fantasmal tercera fuerza. Entre dos fuegos, la juventud europea trabaja. Aprende oficios, hace oposiciones, prepara cátedras. ¿Qué sentido tiene todo esto bajo la amenaza de una guerra? En *Escuadra hacia la muerte* no se dan respuestas, pero, al menos, se bucea en las raíces de las trágicas preguntas» [22].

[19] Francisco Ruiz Ramón, *Historia del teatro español: II: siglo XX*, Madrid, Ed. Alianza Editorial, Col. El Libro de Bolsillo, 1971, pp. 428-9.
[20] Madrid, Ed. Taurus, 1956.
[21] En Farris Anderson, *obra citada*, p. 20.
[22] Alfonso Sastre, «Hablando de *Escuadra hacia la muerte*», *Revista Española*, núm. 1, mayo-junio 1953, p. 119.

Diez años después de su estreno, la escribiría «de un modo algo distinto. Seguiría siendo una negación de la guerra y de sus palabras. Seguiría apuntando al corazón de los dirigentes belicistas. Pero también sería una afirmación de paz, una propuesta positiva de paz. Y quizá la última escena, lúgubre y resignada en mi obra, tendría —en una obra viva de hoy— la forma de una cierta toma de conciencia; y Luis no sería, al final, sólo un pobre muchacho que se dispone a vivir su vida como una condena sin sentido...» [23].

En su polémica con Buero Vallejo, Sastre se opone a la postura posibilista: el escritor debe intentar realizar su trabajo con la mayor libertad, sin tener en cuenta previamente los obstáculos oficiales o sociales. La tesis es hermosa pero, a la larga, ha mantenido a Sastre lejos de nuestros escenarios comerciales.

Esto se debe también a los elementos políticos de su obra, que han ido en aumento. Como él mismo ha declarado hace poco, «yo no intenté desde el principio hacer política con el teatro, que para mí era entonces más una forma de conocimiento de la realidad que otra cosa. El hallazgo de las virtualidades políticas del teatro fue posterior, y todavía fue mucho más posterior el hallazgo de los caracteres lúdicos del teatro. Que son, resumiendo, los tres ingredientes por los que yo estoy en el teatro» [24].

Sin abdicar de sus convicciones, el dramaturgo parece ya desengañado de la eficacia política inmediata del teatro: «Yo he sido un poco ingenuo al pensar que el teatro podía aportar algo al cambio político. Ahora veo que la eficacia social del arte es largoplacista: puede elevar la sensibilidad y la inteligencia de un pueblo, pero no puede tener mucho efecto en las luchas inmediatas que se imponen. Por su-

[23] Alfonso Sastre, *Obras Completas*, tomo I, Madrid, Ed. Aguilar, 1967, p. 162.
[24] *Obra citada* en nota 6, p. 256.

puesto, no he llegado a pensar que el arte no sirve para
nada; simplemente, no sirve para lo que yo creía»[25].

El hecho es que, desde hace ya demasiados años, Alfonso
Sastre no estrena en los escenarios comerciales españoles.
Su obra no sólo no llega a su destinatario natural sino que,
además, no se somete a la prueba de fuego de la representación, del público, de la crítica. El desconocimiento da
lugar a mitificación a la vez que a malos entendidos. Digamos gráficamente que el público ingenuo se pregunta:
¿cuál es el valor real de Sastre como dramaturgo, hoy, al
margen de sus actitudes políticas? Sólo la representación
habitual, en circunstancias normales, de sus obras podría
dar la respuesta.

En todo caso, no cabe negar la importancia de Alfonso
Sastre como dramaturgo inconformista, que abre el teatro
español a problemas y fórmulas dramáticas europeas. Y el
valor de *Escuadra hacia la muerte* dentro de nuestro teatro
de la posguerra. Es, como opina su más reciente editor,
Farris Anderson, la obra fundamental para entender todo
su teatro, la matriz de su arte dramático. ¿Hasta qué punto
se trata de un valor histórico o de una vigencia actual?
Volvamos, simplemente, a releer con detenimiento el drama
que asombró a los jóvenes madrileños en la primavera
de 1953.

¿Realismo? Al alzarse el telón nos encontramos con
un escenario que en términos generales, podemos calificar
de «realista»: «interior de la casa de un guardabosques», con-
vertido en refugio de un grupo de soldados, con petates,
fusiles, cajas de municiones, etc., etc.

En realidad, los elementos realistas, histórico-sociales,
son muy escasos en la obra, pero existen. Ahí están, o, mejor
sería decir, ahí estaban para crear la confusión del espectador y aun del crítico en el momento de su estreno. Aunque
sea sólo a título de curiosidad, puesto que algunas veces se

---

[25] En Farris Anderson, *obra citada*, p. 17.

ha subrayado la «lectura» realista (de crítica de un momento dado español y europeo) vamos a ver esos elementos que harían de *Escuadra hacia la muerte*, no una obra simbólica, existencialista, sino un testimonio histórico.

En primer lugar el escenario: frente a la posibilidad de un ambiente abstracto, de cámara negra, Sastre prefiere un decorado escueto, pero concreto: una casa en el bosque, con todo lo imprescindible para que sus seis personajes-soldados desarrollen su acción.

Muy pronto, a través del diálogo, se concretan los términos de esa acción: se trata de una escuadra de castigo, o mejor, como dirá Pedro, de una «escuadra de seguridad»: «Os advierto que hay muchas escuadras como ésta a lo largo del frente. No vayáis a creeros que estamos en una situación especial. Lo que nos pasa no tiene ninguna importancia. No hay nada de que envanecerse. Esto es lo que llaman una "escuadra de seguridad"..., un cabo y cinco hombres como otros...» (p. 79). (Todas las citas las haremos por la edición de Farris Anderson, ya mencionada.)

Este personaje encarrila la situación hacia un plano verosímil. Las palabras de Andrés, «condenado a esperar la muerte», «No hay salida, no tenemos salvación» (p. 78-79), tendían hacia una dimensión metafísica. Las palabras de Pedro centran de nuevo la acción en el plano de una realidad inmediata, verosímil. En *Huis-Clos*, de Sartre, como en *El ángel exterminador*, de Buñuel, el espectador ingenuo se pregunta: «pero, ¿por qué no atraviesan de una vez esa puerta?». La acción le obliga a aceptar un elemento inverosímil para que la trama pueda seguir adelante. Creemos no equivocarnos al decir que, intencionadamente, Sastre se esfuerza en crear una situación posible en el plano de lo verosímil: una misión peligrosa encomendada a unos hombres que pagan así sus faltas en el ejército. No se trata de un caso particular, sino de algo habitual, normal, casi, en la milicia.

Por eso no escatima los detalles sobre esa situación concreta:

«El mando nos ha dado víveres y medicinas para dos meses. Durante estos dos meses no existimos para nadie. Está anotada la fecha en que empezamos a contar otra vez... En febrero» (p. 67).

«Estamos a cinco kilómetros de nuestra vanguardia, solos en este bosque» (p. 79).

También temporalmente se delimita la acción; transcurre ésta durante la tercera guerra mundial, un momento muy «posible», o al menos temible, por los años cincuenta:

«¿No te dabas cuenta de que esto tenía que llegar? Si se mascaba en el ambiente esta guerra... la tercera gran guerra del siglo xx... puede que la última guerra» (p. 83).

El «enemigo» constituye también un pequeño elemento histórico-social: aquí el «infierno» no son los otros, o mejor, no son sólo los otros. Hay un enemigo concreto, étnicamente localizado.

«Odias a esa gente, ¿no?, al enemigo... al misterioso enemigo. Almas orientales... Refinados y crueles» (p. 69). «Dicen que son feroces y crueles..., pero no sabemos hasta qué punto... se nos escapa... Y eso que se nos escapa es lo que da más miedo. Sabemos que su mente está dispuesta de otra forma...» «Si tuviéramos enfrente soldados franceses... o alemanes... todo sería muy distinto. Los conocemos. Hemos visto sus películas. Hemos leído sus libros. Sabemos un poco de su idioma. Es distinto» (p. 80). En nota a pie de página aclara Farris Anderson: «Esta breve caracterización del enemigo, es, según Sastre, una ligera parodia del concepto popular de los rusos que existía en todo el mundo occidental en la década de 1950: que eran unos monstruos exóticos, que constituían una amenaza constante, que pertenecían a otra especie y por lo tanto eran incomprensibles» (p. 69).

La prohibición que enfrió la obra hace pensar que se vieron alusiones a la situación contemporánea española. Creemos que esto fue así por dos razones: por la rebeldía contra un poder injusto, pero, sobre todo, por el antimilitarismo que respira la obra.

El primer punto es discutible, pues si bien es verdad que los soldados acaban asesinando al cabo Goban, en la obra no se ve claro que ésta sea una buena solución; más bien todo lo contrario: muerto el opresor, los soldados caen en una inútil anarquía que acelera su destrucción. Ellos mismos se hacen conscientes de la necesidad de una disciplina, aunque sea arbitraria o absurda, para sobrevivir.

«¿Sabéis lo que estoy pensando? Que ya es demasiado y que así no podemos seguir... [los soldados están "sucios, sin afeitar y tirados por los suelos"] Días y días, tumbados por los suelos, revolcándonos como cerdos en la inmundicia... ¿Por qué no hacemos algo? Una expedición o algo parecido... Una patrulla de reconocimiento..., algo...» (pp. 109-110). Nada más lejos de la triunfante rebelión de un acorazado Potemkin, por ejemplo, que estos soldados cada vez más hundidos en una situación sin salida. La muerte del cabo les priva de la última probabilidad de salvarse: Adolfo plantea el problema. No ha habido ofensiva y se acerca el fin del castigo: «Bien, parece que la cosa va a terminar mejor de lo que suponíamos. (Ríe.) La ofensiva se ha evaporado. (Vuelve a reír.) Habrá que empezar a pensar en otras cosas. Es posible que todas las desgracias hayan terminado para nosotros.» Frente a ese optimismo, Pedro adoptará una postura personal por la que todos quedan afectados: se niega a ocultar la muerte del cabo: «Yo no sé si el tiempo que hemos estado aquí ha sido suficiente para que nunca más volvamos a tener remordimientos de lo que cada uno hicimos antes. Pero sé que ahora somos culpables de la muerte de un hombre» (p. 114).

Pedro plantea el problema en términos morales, de conciencia: ha matado y no se arrepiente, pero no quiere ocultarlo, quiere ser juzgado y pagar por ello el precio que marque la sociedad: «Yo soy de los que creen que se puede matar a un hombre. Lo que pasa es que luego hay que enfrentarse con el crimen como hombres» (p. 114).

De hecho y así planteada, la rebelión contra la autoridad, el asesinato del opresor cierra la última posibilidad de salvación.

Otro de los personajes planteará este hecho desde una perspectiva distinta, en términos metafísicos: la muerte del

cabo no fue fortuita, formaba parte de un vasto plan de
castigo y era tan inevitable como todo cuanto sucede a los
cinco soldados. Pero de este punto trataremos más adelante.
Nos interesa ahora señalar solamente los elementos realistas, histórico-sociales de la obra, y entre ellos este de la
rebeldía contra un poder injusto. Tal como vemos, a la censura los dedos se le hacían huéspedes, porque la obra no
perece precisamente una incitación a la revuelta.

Más importante nos parece la cuestión del antibelicismo
y antimilitarismo. En un país que sigue viviendo de los
rescoldos de la Cruzada, el desdén por la guerra y los
héroes debe parecer altamente peligroso.

ANDRES: En la guerra, a mí me parece que es muy difícil
hacer amigos. Nos volvemos demasiado egoístas, ¿verdad? Sólo pensamos en nosotros mismos, en salvar el
pellejo, aunque sea a costa de los demás. Me refiero a
la gente normal, quitando a los héroes.
JAVIER: (Sonríe.) Eso debíamos hacer, quitar a los héroes y
no habría guerras (p. 81).

En el cuadro primero, el cabo Goban hace la alabanza
del ejército, de la vida militar, de la guerra:

«Este es el traje de los hombres: un uniforme de soldado. Los hombres siempre hemos vestido así, ásperas cami-
sas y ropas que dan frío en invierno y calor en verano...
Correajes... El fusil al hombro... Lo demás son ropas afe-
minadas... la vergüenza de la especie» (p. 72).

Desde el primer momento el cabo Goban aparece como
una mala bestia, como un energúmeno, pero muy pronto,
además, al final del primer cuadro, nos enteramos de que
es un asesino: mató a dos de sus hombres en el combate,
según él, por cobardes; y a un tercero, en la instrucción,
por torpe, porque «no sabía ponerse en guardia», lo cosió
a bayonetazos. Desde luego, no es fortuito que sea precisamente ese personaje quien cante las alabanzas de la vida
militar.

Hay también una frase que puede considerarse alusiva a la situación española de la guerra, aunque también a la europea: «Una generación estúpidamente condenada al matadero. Estudiábamos, nos afanábamos por las cosas, y ya estábamos encuadrados en una gigantesca escuadra hacia la muerte. Generaciones condenadas...» (p. 95), y que revela el mismo espíritu antibelicista y antiheroico.

Habría que citar también entre los elementos realistas, que permiten situar la obra en un contexto histórico-social determinado, aquellos rasgos de los personajes que los acercan a su público, que los enraízan en el espacio y el tiempo. De esto tendremos ocasión de hablar más ampliamente al hacer el análisis de los personajes; señalemos ahora, solamente, que éste es, precisamente, el punto más peliagudo para dar a la obra una carga psicológica, y uno de los problemas con los que se ha de enfrentar el director de escena. Los personajes, digámoslo rápidamente, ya que más tarde nos detendremos en ello, pecan de abstracción, son más *tipos* que *caracteres* (no recordamos a «Javier Gadda» sino a «el intelectual», «el profesor de Metafísica»), nos faltan detalles para enraizar a estos seres, para completar su perfil de hombres: trabajo, profesión, historia familiar, patria, etc.

Farris Anderson nos aclara que en este aspecto la obra sufrió varias transformaciones. Por ejemplo, los nombres de los protagonistas, en un principio, iban a ser todos hispánicos. Adolfo, había de ser un antiguo torero... La extrajerización de los apellidos y la indeterminación profesional universalizan, pero alejan fantasmalmente a esos soldados de *Escuadra hacia la muerte*.

Sin embargo, hay un detalle mínimo. Uno de los personajes tiene una profesión muy determinada: profesor de metafísica en la universidad. ¿En cuál? nos preguntamos. El apellido *Gadda* del personaje y el lugar donde luchó en la guerra («operaciones al sur del lago Negro») no nos permiten contestar. Sabemos, sin embargo, que el sistema de acceso a la universidad es el mismo que en España: las oposiciones y la admiración con que esta palabra aparece en el texto nos hace pensar que el mítico prestigio de tal sistema es compartido por el respetable: «Me hace gracia verte aquí, en esta horrible casa, con tu brillante carrera universitaria, siempre de codos sobre los libros, ¿no?, ¡y oposiciones! Una ejemplar historia que termina como la del golfo, la del borracho incorregible...» (p. 82).

Nos tememos que el horror de tal situación sólo la comprende plenamente el espectador español...

Resumiendo los aspectos citados tenemos: antibelicismo y antimilitarismo, claramente relacionable con la situación coetánea española; rebeldía contra un poder injusto que no puede interpretarse como solución positiva, de incitación a la lucha contra la tiranía, alusiones temporales (tercera guerra mundial), espaciales o sociales, vagas y difusas, que no permiten concretar las figuras de los protagonistas, quienes además, aparecen más como tipos representativos que como individuos particulares. Finalmente, ambientación realista y esfuerzo por conseguir verosimilitud al estilo decimonónico: crear una situación que, una vez admitida, origine unas consecuencias previsibles y admisibles con criterios de simple experiencia. Es decir, admitida la posibilidad de una escuadra de castigo, lo que sucede a esos seis hombres colocados en tal situación, es perfectamente creíble en términos del más estricto realismo. Pensamos que a eso hay que limitar el realismo de la obra; a la ambientación y a la concepción y desarrollo de la acción. Sastre ha tenido el acierto de no *descarnar* absolutamente el problema de la existencia humana, dándole unas apoyaturas sociales, históricas y culturales del momento en que vivía, suficientes para el enfoque existencial, pero demasiado vagas y psicológicamente superficiales si se quisiera interpretar como testimonio *contra* una determinada sociedad y momento históricos.

Los personajes. Como ya indicamos, la construcción de personajes es el aspecto más abstracto de la obra y una de las dificultades para el director de escena, que tiene que poner en pie no seis ideas o posturas ante la vida, sino seis hombres de carne y hueso, seis individuos con los que el espectador se sienta más o menos identificado.

Vamos a ver las circunstancias que se concretan en cada personaje. Señalemos, de paso, que las alusiones geográficas han variado desde la edición de Alfil a la de Castalia. Citaremos, a pie de página, las variantes de Alfil.

Cabo Goban. Tiene treinta y nueve años, a los diecisiete ingresó en la Legión. Ha matado a tres hombres, dos por negarse a avanzar en el combate, otro durante la instrucción, por torpe. Fue degradado por ello. No sabemos nada de la clase social a la que pertenece, nacionalidad, familia, o cualquier otro detalle de su historia personal.

Adolfo Lavin, soldado. Perteneció a la «Segunda Compañía de Anticarros... En el sur» [26]. Cuando le preguntan a qué se dedicaba antes de la guerra, contesta escuetamente: «Negocios». Después sabemos que ha sido castigado por vender el pan de sus compañeros. Nada más sobre él y su historia individual. Sólo que procede del pueblo, pero que vivió siempre en la capital.

Javier Gadda, soldado. «Procedente del Regimiento de Infantería núm. 15, operaciones al sur del lago Negro» [27]. Es el más caracterizado: profesor de metafísica en la universidad, su padre era empleado de banco, soñaba con un porvenir brillante para su hijo, se murió antes de que él cobrase el primer sueldo en la universidad. Vivía con su madre, a la que está muy unido. Está en la escuadra por desertor y por cobardía en la guerra.

Andrés Jacob, soldado. «Un bisoño. Del campo de instrucción de Lemberg a una escuadra de castigo.» Por matar a un sargento en una borrachera. Estudia en la universidad, donde no pasa de segundo curso. Vive a costa de sus padres hasta los veintiséis años. Entonces se va de casa. Lo cuenta así: «... me junté con una chica... seguí emborrachándome con los amigos. Riñas de madrugada, palos de los serenos, comisarías..., caídas, sangre..., lo normal... Me separé de mi mujer... y me quedé solo. Pude, por fin, beber sin dar cuentas a nadie» (p. 82). ¿Es judío? Lo parece por el ape-

---

[26] En la edición de Alfil: «Compañía de Anticarros. Sievsk».
[27] Alfil: «Operaciones al sur del lago Onega».

llido y la referencia a Lemberg. Cita la Biblia[28], pero le da
un carácter religioso a la celebración de la Navidad: «Felices Pascuas, cabo. No se enfade hoy. Es día de perdón y
de... alegría... Paz en la tierra... y gloria a Dios en las alturas...» (p. 101).

Pedro Recke, soldado. «El río Kar... La ofensiva de invierno...[29]. Muchos prisioneros, ¿verdad?» (p. 75). Vivía en
Berlín, era tornero ajustador. Tiene veintinueve años y salió
de la aldea donde nació a los dieciocho. Estaba en Bélgica
probando unas máquinas que iba a comprar su fábrica
cuando su mujer fue violada por los rusos. Eso le llevó a
la guerra, y por maltratar a unos prisioneros llega a la escuadra de castigo. Aunque era un obrero, su situación económica era desahogada. «Me pagaban bien», dice (p. 96).

Luis Foz, soldado. Sólo sabemos de él que está en la
escuadra por haberse negado a formar parte de un piquete
de ejecución. Parece muy joven aunque no se concrete la
edad. Junto a Pedro, fuma su primer pitillo.

Si los detalles y los rasgos individualizadores son más
bien escasos, por el contrario, los rasgos psicológicos que
los constituyen en «tipos» están muy señalados. Hasta el
punto de que, a veces, se roza la caricatura. Vamos a ir
analizándolos.

El cabo Goban es «el soldado», por antonomasia, el hombre convencido del valor de la disciplina, de la justificación
por la lucha. Así lo manifiesta él mismo:

«Este es el traje de los hombres: un uniforme de soldado
(...) Pero no basta con vestir este traje... hay que merecer-
lo... Esto es lo que yo voy a conseguir de vosotros..., que

---

[28] En la edición de Castalia se suprimió esa cita que formaba parte
de un parlamento de Andrés también suprimido: «Sólo nos faltan...
escuchadme... sólo nos faltan cuatro alegres muchachas, con nosotros.
Para ti, Javier, si te parece, una rubia, alta, con los ojos verdes. (Todos han quedado silenciosos y escuchan.) Tu chica, Adolfo, más bien
pequeña, pero guapa... Una morena... "Soy morena, pero hermosa"...
¿Estamos de acuerdo? Para ti, Pedro..., para ti...
PEDRO: Déjalo, ¿quieres? Déjalo.»

[29] Alfil: «Se ha batido bien en Jarkov y Milerovo. Muchos prisioneros, ¿verdad?»

alcancéis el grado de soldados, para que seáis capaces de morir como hombres. Un soldado no es más que un hombre que sabe morir, y vosotros vais a aprenderlo conmigo» (p. 72).

Obediencia, disciplina, desprecio de la vida, gusto por la lucha y la guerra, esas son las fuerzas que mueven al cabo. La dureza y la agresividad son los rasgos más destacados de su carácter. Unos rasgos tan marcados que rozan la caricatura.

Desde el primer momento se subraya el carácter belicista o militarista de este personaje y su dureza. Mientras los demás juegan o descansan, él está limpiando «cuidadosamente» su fusil, no vuelve la cabeza cuando oye gemir a uno de los soldados. Señala que no hay que «malgastar los medicamentos» y la acotación escénica específica que «sonríe *duramente*». Despierta sin razón a Javier dándole con el pie, para obligarle a limpiar el ametrallador, se enfurece de que Luis, enfermo, deje caer el suyo. La acotación escénica subraya: «con un rugido». Finalmente, se niega a que Pedro sustituya a Luis en la guardia:

«Yo no puedo admitir que un soldado se ponga enfermo como una pálida muchachita. Es la hora del relevo y eso es sagrado» (p. 71).

Lo sentimos caricaturesco, hiperbólico. Como personaje, sólo podría ser un loco y así lo ven, en efecto, los otros personajes: «Y dejar el puesto de guardia solo. Ese hombre hubiera sido capaz de matarme. Está loco. No conoce otra norma de conducta que las Ordenanzas militares. Vete tú a hablarle de compasión y de amor al prójimo» (pp. 77-78).

JAVIER: Tiene razón Andrés. Toda su moral está escrita en los capítulos de las Ordenanzas del Ejército. Y si sólo fuera eso... pero además es agresivo, hiriente (p. 78).

La agresividad, la violencia, son los rasgos «humanos» de ese código militar puesto en pie que es el cabo. ¿Hay algún otro rasgo que dé profundidad psicológica al personaje? Desde luego que sí, pero no se puede decir que el resultado sea satisfactorio: el cabo siente remordimientos de la tercera muerte que ha provocado. Dice que ha sido un accidente. Lo cuenta así:

CABO: En instrucción, explicando el cuerpo a cuerpo, haciendo asalto a la bayoneta ...Tuvo él la culpa... Era torpe, se puso nervioso..., no sabía ponerse en guardia...
PEDRO: ¿Lo mató? ¿Allí mismo... quedó muerto?
CABO: No me di cuenta de lo que hacía. El chico temblaba y estaba pálido. Me dio rabia. Lo tiré al suelo de un golpe, y ya no sé lo que me pasó. Tuve un ataque. Lo rematé yo mismo... allí. Lo cosí a bayonetazos. Me había enfurecido. Era torpe... un muchacho pálido, con pecas... (*Cambia de tono*), y ahora que lo recuerdo me parece que tenía... (*Tuerce la boca*) una mirada triste... (p. 76).

Aquí hay algo que no encaja. Nadie mínimamente normal cuenta con detalles un crimen tan horrible («Lo cosí a bayonetazos»), pero, si lo hace, no parece ser el tipo de hombre que se fija en la tristeza de una mirada. Es más, no es frecuente que un sargento del ejército se fije en si sus hombres tienen la mirada triste. Más raro aún es que lo digan y, desde luego, en boca del agresivo y, hasta ese momento, inhumano cabo Gobban, resulta chocante. Creemos que, por inusitada, la frase no humaniza al personaje sino que da aire literario y melodramático al final del cuadro. En el extremo opuesto a la humanización, encontramos que varios críticos han coincidido en señalar la función o el carácter divino de este personaje. Citamos como ejemplo último las palabras de Farris Anderson: «Se impone una comprensión del cabo como representación alegórica de Dios —el Dios que la humanidad moderna ha asesinado (abandonado) porque se sentía fastidiada con Su orden y Sus restricciones. Y después de liberarse, el hombre moderno —igual que los soldados de la escuadra maldita— se encuentra náufrago en un mundo anárquico que no sabe ordenar» (p. 34). Señala F. Anderson «la majestuosidad perversa y la figura casi sobrehumana del cabo. El cabo resulta tener una dignidad casi demiúrgica (de acuerdo con su función divina ya apuntada), y sus asesinos

quedan como unos seres mezquinos e inferiores» (p. 38).
E insiste, refiriéndose a la escena de la muerte: «Es una
montaña que se derrumba, después de repetidos esfuerzos
destructores por una pandilla de desgraciados hartos de vivir a la sombra de esa montaña» (p. 39).

No compartimos esa interpretación. La grandeza del cabo
no dimana necesariamente de un carácter o función divinos.
Su fuerza es humana y nace de su misma limitación. Cada
uno de los seis personajes simboliza o representa una postura ante la vida, una posible actitud existencial. Dios sólo
aparece en la obra como fondo del cuadro, como alguien que
podría contestar a los angustiados porqués de los hombres,
pero se mantiene en silencio. («El único que podía hablar
está callado» (p. 130), dice Pedro), como alguien que les hace
objeto de un castigo cuya razón no comprenden. Dice Javier:
«Hay alguien que nos castiga por algo...» (p. 125). Sobre este
punto volveremos a insistir.

El cabo Goban representa no el poder de Dios (al fin,
él es uno más entre los castigados de la escuadra) sino el
poder humano, arbitrario y perecedero, pero real.

Su poder es injusto, no es mejor que los otros.

ADOLFO: Seguramente se cree que es alguien, y no tiene más
que un cochino galón de cabo. Este es uno de esos «primera» que se creen generales (p. 68).

El mismo afirma: «Si queréis saberlo, yo no estoy aquí
para castigaros. Yo no soy otra cosa que un castigado más.
No soy un santo. Si lo fuera, no estaría con vosotros» (p. 75).

La fuerza del cabo, de forma muy similar a Pedro, dimana de su desesperación. Los otros, de una forma u otra, de-
sean y esperan salvar su vida. Pero, no; el cabo, tampoco.
El cabo sólo espera convertir a cinco hombres, cobardes,
indisciplinados, en cinco soldados. Lo hemos dicho antes:
es el soldado, el hombre que cree en una misión y en unos
principios a los que ajusta su vida:

«Para luchar y vencer, antes es preciso renunciar a esta
perra vida. Vosotros no habéis renunciado aún, ¿verdad?

Todavía os queda un cochino resquicio de esperanza. No sois soldados. Sois el desecho, la basura, ya lo sé..., hombres que sólo quieren vivir y no se someten a una disciplina. ¡Indisciplinados y cobardes! Bien. Vais a tragar la disciplina del cabo Gobban, la disciplina de un viejo legionario. Necesito una escuadra de soldados para la muerte. Los tendré. Los haré de vosotros. Los superiores saben lo que han hecho poniendo esta escuadra bajo mi mando. Voy a ir con vosotros hasta el final. Voy a morir con vosotros. Pero vais a llegar a la muerte limpios, en perfecto estado de revista. Y lo último que vais a oír en esta tierra es mi voz de mando. ¿Qué os parece la perspectiva?» (p. 73).

En la edición de Alfil, un curioso eufemismo: «Me vais a aguantar hasta el final. Si os molesta, os fastidiáis.»

La fortaleza, la impresión de poder que produce el cabo procede de ese desprecio a la vida, de la fe en el cumplimiento de esa última misión. Pero no vemos la necesidad de darle una función «divina». El cabo representa la norma, un código de valores arbitrarios que coarta la libertad de los otros y ante la cual se rebelan. El cabo les obliga a levantarse a las seis de la mañana, a establecer un turno rigurosísimo de guardias, a cumplir éstas a rajatabla (por sentarse en el puesto de guardia le dobla la imaginaria a Adolfo), les impide beber, etc., etc. Por muy injustas, absurdas e incómodas que fueran estas normas, los soldados, cuando ya las han destruido, se hacen conscientes de que son preferibles al vacío posterior. Destruida la norma, el código, el vacío de su existencia se les revela de forma aterradora: «Mientras él vivía llevábamos una existencia casi feliz. Bastaba con obedecer y sufrir. Se había uno *la ilusión* de que estaba purificándose y de que podía salvarse. Cada uno se acordaba de su pecado, un pecado con fecha y con circunstancias» (p. 124). (El subrayado es nuestro.)

Pedro es otro personaje construido de forma muy similar al del cabo. Es también un carácter fuerte. Es el único a quien el cabo respeta, y ese respeto nace de su valor, en el fondo, del mismo desprecio a la vida. En la edición de Alfil, aparece esta frase, después suprimida: «Soldado Pedro

Recke. Se ha batido bien en Jarkov y Milerovo.» Y más adelante: «Tú sí eres soldado, Pedro... y te felicito. Si saliéramos
de ésta me gustaría volver a verte» (p. 75).

Pedro es el único que se atreve a enfrentarse abiertamente al cabo cuando éste pega a Andrés (cuadro 4) y es
también el que se hace cargo del mando de la escuadra al
morir el cabo: «Soy el soldado más antiguo y tomo el mando
de la escuadra» (p. 106).

Farris Anderson dice sobre este personaje: «El mismo
Sastre, al escribir la obra, veía a Pedro como un personaje
positivo y valiente. Pero a lo largo de los años se ha venido
dando cuenta del verdadero significado ideológico de las
actitudes de Pedro» (p. 32).

Para Farris Anderson, Pedro es «el caso más desbordan-
te de *mauvaise foi*, de huida de la libertad. Pedro es un
hombre que necesita sentirse aplastado, castigado, como forma de negar el acto que ha realizado (...) Pedro es un hombre que quiere morir, para acabar definitivamente con su
libertad atormentadora» (pp. 31-32).

Es cierto que Pedro quiere morir, pero la interpretación
de Farris Anderson nos parece discutible. La violencia con
que Pedro responde a las acusaciones de Adolfo hace pensar que éste ha puesto el dedo en la llaga:

ADOLFO: Pedro, ya te he entendido. No es nada de lo que
dices. No es que seas más hombre que los demás. No es
que te importe lo que ocurrió ni que creas que mereces
ser castigado. Es simplemente que quieres morir. ¡Es que
estás desesperado desde lo que pasó con tu mujer! ¡Es
que estás loco! ¡No es más que eso!

PEDRO: (*En un rugido.*) ¿De qué estás hablando, di? ¿De qué
estás hablando? ¡O te callas, o...! (p. 116).

Pedro es un hombre que, como el cabo, respeta unas
normas y ajusta a ellas toda su vida. La guerra destruyó su
sistema de valores. Y él entra en la guerra para construirse
uno nuevo. Hoy su postura nos parece propia de un hombre elemental, primitivo, egoísta, más atento, probablemente,

a su propio «honor» que al dolor de su mujer. Ni siquiera
sabe si vive (p. 96). Sólo nos dice que fue forzada. El tortura
a unos prisioneros para vengarse y eso le consuela:

«Aullaban... Yo me reía como un loco... Se me represen-
taba la cara de mi mujer, llena de espanto..., forzada..., y la
emprendía con otro... Había más de cien prisioneros para
mí en aquel barracón... Me calmó mucho... Ahora estoy mejor... Mucho mejor...» (p. 97).

Se puede decir que Pedro huye de la libertad, de la responsabilidad, pero sería más justo decir que somete su vida
a un código de valores, de normas y preceptos que le dan
sentido.

Se puede decir que desde que su mujer ha sido violada
todos sus actos tienden a buscar una muerte *honrosa*, ya
que no puede conseguir una vida así. Castigado por su venganza, su esperanza se centra en una acción final que sea
útil para sus compañeros: «Pero ¿sabéis que yo tenía una
esperanza? La de que el desenlace llegara por otro sitio, que
todo hubiera acabado en esta casa, frente al enemigo, pasados a cuchillo, después de habernos llevado por delante a
unos cuantos... y después de haber avisado a la primera
línea. Ya que no se nos ha concedido este fin, pido, al menos, que no haya nunca ofensiva en este sector, y que nuestro sacrificio sirva para detener el derramamiento de sangre
que parecía avecinarse a todo lo largo del frente» (p. 122-123).

Por eso, su decisión de entregarse a un consejo de guerra
no obedece tanto al deseo de morir como al deseo de no
vivir deshonrado. En su jerarquía de valores, la vida no es
el bien supremo: «A mí me parece que hay cosas más importantes que vivir. Me daría mucha vergüenza seguir viviendo. Ya no podría ser feliz nunca» (p. 116). Estas palabras
nos suenan cercanas a aquello del morir con honra y vivir
con vilipendio...

Este personaje, al final de la obra, experimenta una transformación que quizá se preste a la interpretación de Farris
Anderson: es en el momento final cuando dice a Luis que
su vida será una larga condena. Pero hay que puntualizar
que su transformación es, digamos, funcional. Lo explicamos.

Al desaparecer el cabo, Pedro asume sus funciones, tarea para la cual, por su carácter, parece idóneo. Desaparecido Javier, el otro personaje importante de la obra, aquel que plantea la problemática existencial, tiene que ser Pedro el que transmita sus ideas como mensaje final de la obra. En el cuadro IX, Javier confiesa a Pedro sus ideas sobre la situación, que éste se resiste a admitir:

JAVIER: (*Ríe ásperamente.*) Estamos marcados, Pedro. Estamos marcados. Rezar, ¿para qué?, ¿a quién? Rezar...
PEDRO: ¡Cómo puedes decir eso...! ¿Entonces crees que alguien...?
JAVIER: Sí. Hay alguien que nos castiga por algo... por algo... (pp. 124-125).

Cuando Javier ha muerto, el eco de sus palabras sigue oyéndose en la despedida de Pedro a Luis: «No tienes que apenarte por nosotros. Apénate por ti..., por la larga condena que te queda por cumplir: tu vida» (p. 129).

Pasemos ya al tercer personaje, el mejor estudiado, el más congruente y coherente: Javier Gadda.

Javier es el intelectual. Para caracterizarlo no se escatima ni el detalle tópico de las gafas. Es cobarde y egoísta, y no por casualidad. Esos defectos forman parte de la imagen del tipo: «El que encuentre este cuaderno sepa que he sido un cobarde (...) A la hora del resumen me extraña el infame egoísmo que me hizo pensar en sobrevivir cuando estalló la guerra» (p. 87).

Se pone nervioso cuando el cabo le interpela, habla «débilmente».

Javier evoluciona a lo largo de la obra. Al comienzo se siente culpable de algo concreto, de sus acciones cobardes y egoístas. Piensa que el castigo puede purificarlo de esas faltas: «Ahora sólo deseo que haya una lucha, que yo me extinga en ella y que mi espíritu se salve» (p. 87). Pero tras la muerte del cabo es el primero en darse cuenta de la inutilidad de todo esfuerzo. La pasividad es otra de las características de este personaje: «Estoy dispuesto a que se cum-

pla lo que tenga que cumplirse. Lo que tiene que venir...
a pesar de todos nuestros esfuerzos. No contéis conmigo
para nada» (p. 117).

Su postura pasiva y negativa se va acentuando: «Es inútil luchar. Está pronunciada la última palabra y todo es
inútil. En realidad, todo era inútil... desde un principio.
Y desde un principio estaba pronunciada la última palabra»
(p. 122).

Su suicidio es una consecuencia lógica de su manera de
pensar. El mismo se autodefine: «Sólo que yo soy una de
las bacterias que hay en la gota de agua... en esta gota que
cae en el vacío. Una bacteria que se da cuenta, ¿te imaginas
algo más espantoso?» (p. 123).

Consciente de la inutilidad de todo esfuerzo, de ser objeto
de un castigo incomprensible, al que es imposible escapar,
decide acabar por su cuenta.

Los otros tres personajes son de menor importancia, aunque también tienen categoría de tipos universales.

Adolfo es el hombre sin escrúpulos y sin idealismo, atento siempre a su provecho, cínico, capaz de cualquier cosa
por salvar la piel. Cuando ve que el «negocio» sale mal, denuncia a su cómplice (p. 99), es el primero que habla de
matar al cabo, pero cobardemente, por la espalda: «Así no
se puede vivir. Estoy harto. Ahora, mientras se alejaba, me
han dado ganas de pegarle un tiro» (p. 84).

También pretende asesinar a Pedro, incluso se ofrece a
hacerlo él materialmente: «A pesar de todo, a pesar de vues-
tro miedo y de los escrúpulos de todos, Pedro tiene que
morir. Es nuestra única salida. Es inútil tratar de conven-
cerlo. Hay que terminar con él si todavía queremos esperar
algo de la vida. Por otra parte, no es tan terrible si lo que
os horroriza es... hacerlo. Yo solo lo hago» (p. 119).

Las acotaciones escénicas subrayan su aspecto desagradable: «Ríe desagradablemente» (p. 84), «Sonriendo cínica-
mente» (p. 101).

Pero ni su cinismo, ni su oportunismo le brindan una
salida mejor que a sus compañeros.

Andrés Jacob es el joven calavera incapaz de llevar adelante un trabajo serio ni un esfuerzo continuado. Es el niño mimado que termina en golfo. Su vida se regula por la ley del mínimo esfuerzo. No es malo; es, sobre todo, débil, abúlico, incapaz de luchar por nada. Se justifica ante sí mismo por la impresión de inestabilidad que todo le producía:

«A mí me parece que vivíamos en un mundo que podía desvanecerse a cada instante. Me daba cuenta de que estábamos en un barco que se iba a pique. No merecía la pena trabajar, y a mí me venía muy bien (...). Por lo menos eso digo ahora. Me parece que, pensándolo, quedo justificado» (p. 83).

Es el único que se rebela abiertamente contra la disciplina del cabo, de una forma un poco infantil, en un arrebato, sin medir las consecuencias de su acto, que es duramente castigado por el cabo (p. 91).

Lamenta el dolor que causa, pero le faltan fuerzas para encarrilar su vida: «Me separé de mi mujer... y me quedé solo... Pude, por fin, beber sin dar cuentas a nadie... sin que nadie sufriera por mí... (Parece que se le han humedecido los ojos)» (p. 82). La acotación subraya ese fondo de bondad y debilidad.

La decisión final de Andrés obedece también a esa ley del menor esfuerzo: pasarse al enemigo para que lo lleven a un campo de concentración: «Yo quiero descansar. En el "campo", al menos, podré tumbarme» (p. 120).

Su único comentario ante la horrible pintura de esa vida que le hace Adolfo («Los hay que ya ni se mueven para nada, que ya no sienten ni los golpes (...). Se lo hacen todo encima y no se mueven... Viven entre su propia porquería...»), su único comentario es: «Descansan, por fin» (p. 121).

Llegamos al último de los seis personajes: Luis Foz. Luis representa al inocente. Es el único de los seis que no tiene que arrepentirse de alguna acción mala o vergonzosa. Está en la escuadra por haberse negado a formar en un piquete de ejecución y no se arrepiente por ello: «Yo no sirvo para matar a sangre fría. Lo llaman "insubordinación" o no sé qué. Me da igual. Volvería a negarme» (p. 78).

Luis tiene poca entidad como persona, es un personaje borroso, pero su función es muy clara. Es muy joven (ese primer pitillo que fuma al final simboliza la entrada en la madurez) y es puro. Es el único que no se rebela y el que reza la oración en el entierro. No es casualidad que esté ausente cuando los otros asesinan al cabo. Cuando él pretende solidarizarse, los demás lo rechazan porque la idea de la culpa no encaja con Luis:

«Pero yo hubiera bebido con vosotros. Yo hubiera empuñado el machete y le hubiera pegado con vosotros, de haber estado aquí.»

ANDRES: No sé. Eso no puede ni pensarse (p. 108).

Luis es, por encima de todo, el inocente, un ser humano puro, sobre el cual cae la condena de vivir sin haber tenido culpa alguna.

¿Cuál es el procedimiento que utiliza preferentemente Alfonso Sastre para la construcción de los personajes de esta obra? En primer lugar, la generalización, a la que nos hemos referido varias veces; es decir, la voluntaria eliminación de rasgos individualizadores para dar universalidad al personaje (el intelectual, el soldado...). Creemos que, en el caso de esta obra, la generalización es un efecto voluntario, medido y contrapesado por el efecto contrario: la creación de rasgos individualizadores (Javier Gadda vive con su madre, su padre era empleado de banco, se murió sin verle triunfar, etc.) hacen que la idea que representa cada personaje se encarne, tome peso y consistencia. Este contrapeso está más logrado en unos personajes que en otros; por ejemplo, en Javier Gadda y Pedro Recke, mientras que en el cabo y en Luis la estructura ideológica está demasiado visible. Otro procedimiento que podemos observar en esta obra es la autodefinición: el personaje habla de sí mismo, dice en voz alta cómo es y cuáles son sus sentimientos. Es la forma más elemental y sencilla de construir un personaje, equivalente al narrador omnisciente de la novela decimonónica. El personaje de Javier Gadda ofrece abundantes ejemplos de este procedimiento.

«El que encuentre este cuaderno sepa que he sido un cobarde» (p. 86, cuadro tercero).

«¡Madre! ¡Tengo miedo! ¡Estoy solo!» (cuadro V, p. 95).

«Tengo que pensar, ¿sabes? Es... mi vocación... desde niño... mientras los demás jugaban alegremente... yo me quedaba sentado, quieto... y me gustaba pensar» (cuadro X, p. 125).

Otro procedimiento muy similar es el que uno o varios personajes definan a otro:

Pedro, hablando a Adolfo:

«Toma. Emborráchate. Eres de la raza de los que especulan con el hambre del pueblo, miserable» (p. 99).

Javier y Andrés hablando del cabo:

«Tiene razón Andrés. Toda su moral está escrita en los capítulos de las Ordenanzas del Ejército» (p. 78).

Los diálogos de *Escuadra hacia la muerte* producen muchas veces la impresión de estar hechos pensando en la «galería»: son demasiado claros y ordenados. El teatro moderno, por el contrario, suele pecar de hermetismo. El espectador recibe sólo retazos de conversaciones, alusiones a cosas que le son desconocidas y cuyo significado le cuesta desentrañar. En este sentido, podemos decir que los diálogos de *Escuadra hacia la muerte* son de tipo tradicional.

La mayor modernidad en cuanto a la construcción de personajes creemos que está en la importancia de la acción. En el caso del cabo Gobban, sus acciones son tan importantes como sus palabras para la comprensión del personaje. La pelea con Andrés (cuadro IV) y el enfrentamiento con sus compañeros (final del cuadro VI) ofrecen al espectador una imagen plástica que consolida la impresión que sus palabras habían producido.

Otro ejemplo de este procedimiento lo tenemos en la ausencia de Adolfo del entierro del cabo. Esta acción (el espectador le ve «semitumbado» cuando los otros vuelven a la casa), es tan importante para comprender su catadura moral como todo lo que habla a lo largo de la obra.

Existencialismo. Escuadra hacia la muerte es una obra que puede encuadrarse plenamente dentro de la literatura existencialista. La coincidencia de temas y presupuestos filosóficos es grande. Sin intentar un análisis exhaustivo, vamos a señalar algunos puntos.

Los personajes de la obra, como en los clásicos de la literatura existencialista, Sartre y Camus, aparecen arrojados en un mundo hostil en el que buscan una razón para vivir; una razón no trascendente: *El existencialismo es un humanismo,* en frase de Jean Paul Sartre, y la razón válida ha de ser a nivel humano.

En *Escuadra hacia la muerte* hay alusiones a la religión y a la divinidad, pero son vagas y contradictorias. Son como restos de creencias sin vitalidad que perduran en la sociedad sin que lleguen a informar verdaderamente a ninguno de los personajes. Este enfoque presenta índices originales en la literatura existencial.

Andrés Jacob es el personaje que se refiere de forma más explícita a la religión. Cuando lo hace de forma pública y comunitaria, los demás no se abstienen ni lo rechazan:

ANDRES: Creo que debemos dar a esta declaración un carácter religioso. Dios nos libre de todo mal en el nombre del Padre, del Hijo y del Espíritu Santo.
TODOS: Amén (p. 98).

Pero ni la invocación a Dios, ni el amén de los otros implica una postura claramente religiosa. Ninguno de ellos, en ningún momento, piensa en Dios como una solución o justificación de su problema vital. Es como una ceremonia, un resto de carácter sentimental, y no una postura consciente y lúcida.

Una situación similar nos encontramos en el entierro del cabo. Todos los hombres, excepto Adolfo, que está ausente, terminan rezando una oración, tanto más patética cuanto que ninguno está convencido de que sirva para algo. Las palabras de Javier son reveladoras en este sentido: «Sí, una

oración. *Aunque no sirva para nada.* Dila, Luis. Yo no me
iba tranquilo, dejándolo ahí, sin una palabra. Un hombre
es un hombre» (p. 103).

Parece como si, llegado ese momento trascendental de la
muerte, no pudieran aceptar el hecho puro y simple de que
allí se acaba todo («un hombre no debe ser enterrado como
un perro») pero la única justificación llega por el camino de
la creencia ancestral, que sólo conserva su vitalidad en esas
situaciones límite. Así, Luis acaba pidiendo la salvación de
sus almas, por los méritos de Jesucristo:

LUIS: (*Se quita el casco*). Te rogamos, Señor, acojas el alma
    del cabo Gobban, y que encuentre por fin la paz que en
    la vida no tuvo. No era mal hombre, Señor, y nosotros
    tampoco, aunque no hayamos sabido amarnos. Que su
    alma y las nuestras se salven por tu misericordia y por
    los méritos de Nuestro Señor Jesucristo. Apiádate de
    nosotros. Amén.
TODOS: (*Que han ido descubriéndose*). Amén (pp. 103-104).

De igual forma, Pedro, para quien la religión no ha ofre-
cido un camino, ya que ha preferido primero la venganza
y después el sacrificio de sus compañeros, llegado el momento final se plantea el salto a lo trascendente: «Sí, es
como rezar. Puede que sea lo único que nos queda... un
poco de tiempo aún para cuando ya parece todo perdido...,
rezar...» (p. 124).

Sin embargo, la postura final de Pedro será *prescindir*
de esa solución trascendente. No es que la niegue abiertamente, pero el hombre ha de actuar como si no existiera,
puesto que no tiene ninguna evidencia de lo contrario. Cuando Luis, ante el suicidio de Javier, exclama: «Acabar así es
lo peor. Es condenarse» (p. 129), Pedro no responde directamente, sólo dice que es lo que Javier sentía: «El se sentía
ya condenado.» Y enseguida formulará su postura definitiva:
el hombre ha de limitarse a sus propios medios, no ha de
hacer preguntas que él mismo no pueda responder: «No hay

que preguntar. ¿Para qué? No hay respuesta. El único que podía hablar está callado» (p. 130).

La evolución de los personajes, su cambio, nos remite, otra vez, a presupuestos de la filosofía existencialista: la existencia es anterior a la esencia, el hombre se hace a sí mismo al hacer las cosas, por ello es inseparable de su circunstancia y, como ella, cambiante.

Javier Gadda protagoniza otro gran tema de la literatura existencialista: el suicidio. Recordemos las palabras de Camus en *El mito de Sísifo*: «Sólo hay un problema filosófico verdaderamente serio: el suicidio.» En *Escuadra hacia la muerte* ese tema aparece también con matices muy personales.

Javier se ha definido a sí mismo como «una bacteria que se da cuenta», una bacteria que vive en una gota de agua, que cae en vacío y se da cuenta de ello (p. 123). Esas palabras nos hacen suponer que el personaje está totalmente inmerso en el absurdo: una gota que cae en el vacío, en la nada, arrastrando a esos seres minúsculos, a esas bacterias pensantes que sólo pueden comprender, pero no modificar, su situación: «En realidad, todo era inútil... desde un principio. Y desde un principio estaba pronunciada la última palabra» (p. 122).

«Para nosotros estaba decretada, desde no sé dónde, una muerte sucia. Eso es todo» (p. 124).

Sin embargo, hay un aspecto contradictorio en su actitud: Por una parte, es el único que niega abiertamente (después de haberlo dado como posibilidad en el entierro del cabo) que haya Alguien que escuche sus súplicas: «Rezar, ¿para qué?, ¿a quién?» Pero, de otra parte, vemos que inmediatamente admite la existencia de alguien que castiga a los hombres por una falta desconocida: «Sí. Hay alguien que nos castiga por algo..., por algo... Debe haber..., sí, a fin de cuentas, habrá que creer en eso... Una falta... de origen... Un misterioso y horrible pecado... del que no tenemos ni idea... Puede que haga mucho tiempo...» (p. 125).

Es frecuente en las obras de Camus y Sartre, la creación de un personaje intelectual que viene a ser portavoz de las ideas del autor. En este caso, creemos que no es así. Javier Gadda representa la postura más negativa, más nihilista. Su «vocación de pensar» no le lleva a ninguna solución válida. Su suicidio aparece como una cobardía más.

Desde un punto de vista existencial, el asesinato del cabo se nos presenta como la rebeldía ante la comedia social, ante un mundo inaceptable (la concepción militarista de la vida). Esa «comedia», esa convención enmascara el verdadero problema del ser humano. Mediante una acción rebelde, comunitaria, los soldados alcanzan la libertad y se plantea el gran problema: ¿cómo utilizarla?

Farris Anderson enfoca así esta cuestión: «Como documento existencial, *Escuadra hacia la muerte* tiene que entenderse como contienda entre el hombre y sus actos. A partir del asesinato del cabo, los soldados pasan a otra esfera existencial por haber actuado y, a nivel inmediato, modificado sus circunstancias. La gran pregunta de la segunda parte de la obra es: ¿Cómo van a cargar los soldados con el peso de su acto? Resulta que no cargan muy bien. Bajo el peso de su acto todos fracasan» (p. 30).

Ya hemos indicado en el análisis de los personajes que discrepamos de la interpretación que da Farris Anderson a Pedro. Y lo mismo tenemos que decir respecto al otro personaje que queda vivo, Luis. En ambos, creemos que Alfonso Sastre plantea la única salida viable.

Recordemos que Pedro es el único que se plantea la rebelión contra el cabo como un acto *comunitario*. Sus palabras son bien explícitas: «Si os acompaño es por no dejaros solos frente al cabo. Que conste» (p. 97).

Cuando Pedro toma el mando de la escuadra no lo hace para perpetuar el código militarista del cabo, sino para dar sentido a su vida mediante el cumplimiento de una misión: ser útil a los demás:

«No sé si me comprendéis. Lo que yo no quisiera es que, por este camino, llegáramos a degenerar y a convertirnos en un miserable grupo de asesinos. Se es un degenerado cuando ya no hay nada que intentar, cuando uno ya no puede hacer nada útil por los demás. Pero a nosotros se nos ofrece una estupenda posibilidad: cumplir una misión. Y la cumpliremos. Yo no quiero que acabemos siendo una banda de forajidos. Yo no soy un delincuente..., y menos un asesino... Ni vosotros... No hemos conseguido ser felices en la vida..., eso es todo» (p. 107).

Finalmente, su esperanza es que su estancia en la escuadra sirva para evitar la muerte de otros soldados:

«... pido, al menos, que no haya nunca ofensiva en este sector, y que nuestro sacrificio sirva para detener el derramamiento de sangre que parecía avecinarse a todo lo largo del frente» (p. 123).

Luis, el personaje menos desarrollado de la obra, alcanza, al final, un relieve extraordinario. Es, al mismo tiempo, testigo y víctima. Le ha tocado participar en unos hechos que no comprende, de una forma pasiva. Su inocencia le parece una cuestión de azar. Como a todos, le ha tocado representar un papel que no ha escogido y con el cual no está conforme: «No hay razón para que yo haya sido excluido. Pedro, te pido que digas: Luis estuvo con nosotros esa noche. Luis también mató» (p. 129).

Le asustó su soledad inocente y hubiera querido la solidaridad culpable con los otros. Pero Pedro le exigirá una postura más dura: seguir viviendo, aceptarlo todo.

Como un Creonte modesto e insignificante, sin la grandeza trágica del personaje de Anouilh, Luis será el hombre que, en definitiva, acepta vivir con todo lo que ello implica de dolor y miseria. Y lo acepta conscientemente.

En resumen, digamos que *Escuadra hacia la muerte* es una reflexión sobre la vida y su sentido que participa de presupuestos de la filosofía existencial, pero que no ofrece soluciones definitivas.

CONSTRUCCION DRAMATICA. La construcción dramática es muy sencilla; se puede hablar de austeridad o de pobreza, según se prefiera.

La acción es unitaria: seis personajes obligados a convivir en un mínimo espacio vital y condenados a esperar algo que no saben si va a suceder. Concretando las circunstancias: seis soldados en una escuadra de castigo esperando una ofensiva enemiga que no saben cuándo va a tener lugar.

El interés del espectador se centra en dos puntos: la historia anterior de los seis personajes (por qué han llegado a esa situación) y las consecuencias que va a tener la obligada convivencia.

El desarrollo de la acción va a seguir, precisamente, esas dos vías: hacia el pasado y hacia el futuro. Los cuadros sucesivos nos van a dar a conocer la historia de los personajes y las nuevas acciones. Esto sucede, como es lógico, de forma escalonada, de modo que el interés por ese primer punto se mantiene hasta la mitad de la obra. En el desarrollo de la acción van apareciendo de forma más o menos alternativa los dos polos de interés citados: la historia, es decir el pasado, y las consecuencias de una situación dada, el presente.

Analizando la secuencia de los cuadros, podemos hacer las siguientes observaciones:

I) En la primera parte (hasta la muerte del cabo), en cada cuadro aparecen los dos elementos en que se desarrolla la acción: el pasado y el presente (la historia precedente y los hechos que se derivan de la situación actual).

II) La muerte del cabo crea una nueva situación cuyas consecuencias se van a materializar en los cuadros 7 a 12. No hay ya elemento dramático del pasado. El cuadro 8 es un paréntesis dinámico, introduce un elemento nuevo que rompe el continuo autoanálisis de los personajes y la monotonía escénica de esos hombres dándole siempre vueltas a lo mismo.

III) El cuadro X equivale estructuralmente al II de la primera parte, con gran predominio de la reflexión sobre la acción, anticipatorio de lo que va a suceder después. Los personajes afirman sus posturas mediante el diálogo.

IV) El cuadro IX equivale al IV de la primera parte. Predominio de la acción. Los personajes afirman sus posturas mediante la actuación.

Hagamos notar que los esquemas de la construcción dramática se repiten.

El cuadro III y el V pueden considerarse como monólogos del mismo personaje. La levísima acción del III no llega a enmascarar el aspecto de monólogo: un personaje iluminado por una vela en medio de la oscuridad: la salida de Andrés y las voces del cabo y de Luis son un pequeño contrapunto al soliloquio de Javier. La entrada de Pedro acaba el cuadro y borra un poco el efecto melodramático de las últimas palabras de Javier. El cuadro V es, ya sin disimulos, un monólogo lírico.

El cuadro IV es como un ensayo del VI. En ambos hay un enfrentamiento colectivo contra el cabo. En el IV, el cabo domina la situación golpeando a Andrés; los otros no reaccionan. En el sexto, golpea a Adolfo y eso provoca la violenta réplica de los soldados.

Son dos escenas de gran tensión y violencia. En medio, muy breve, el paréntesis lírico del monólogo de Javier rompe la secuencia.

La estructura de la obra formalmente viene dada por un movimiento de tensión, al que sigue uno de distensión. El climax se alcanza exactamente en el centro, al final del cuadro VI, con el asesinato del cabo. Desde aquí se inicia una distensión en el cuadro VII, que se interrumpe en el VIII y IX en los cuales se crea, de nuevo, una tensión mediante la introducción de un elemento nuevo en el VIII (el supuesto ataque enemigo) y mediante la reiteración de un esquema ya conocido por el espectador en el IX. En efecto, aquí encontramos, de nuevo, el enfrentamiento de uno de los hombres contra los restantes, que ya habíamos visto en el IV y VI. Tras este paréntesis, la acción sigue su movimiento de distensión hasta la escena final, al anochecer, con los dos hombres charlando, probablemente sentados, quietos.

FRANCISCO NIEVA:
PROPUESTA ESCENICA PARA
«Escuadra hacia la muerte»

La anécdota real y la simbología que juntas se hacen paso y se desarrollan en la obra de Sastre permitirían —aunque al principio parezca osado y difícil para un teatro que requiere una plena claridad dialéctica— una puesta en escena bastante menos sujeta a la prosaica indicación escenográfica que el mismo autor propone. Siempre se ha de tener en cuenta que la inspiración del escritor teatral, a partir de un teatro romántico, se ha visto, paradójicamente, coartada por la obligatoriedad de decidir, por él mismo, todas y cada una de las condiciones en que se ha de representar su obra. El romanticismo burgués intentaba hacer del dramaturgo un artista dueño de todas las plenitudes —véase el epigonismo de Wagner en este sentido— y, a partir de un cierto momento, la escritura de un drama comportaba, asimismo, la propuesta o, mejor, la conminación de una puesta en escena. Una visión específica únicamente dictada por el escritor. El teatro había alcanzado una virtuosidad (yo diría fácil) respecto a sus espectacularidades de papel o telas pintadas, fermas, bambalinas de ramajes perforados, atardeceres de candilón tras un papel aceitado y otras encantadoras puerilidades. Pero, a su vez, el dramaturgo se creía en la obligación de definir ce por be, con despego y sin ganas, toda la complejidad de un escenario. Era preceptivo. Esta aparente libertad contrasta con la acotación más sugestiva del teatro clásico: «Entran Fulano y Mengano, y dicen...»

Pues bien, tengo para mí que el último teatro de signo realista aún es deudor de procedimientos románticos y víctima de una inercia. El teatro de Sastre debe menos que ninguno un tributo a ese teatro romántico, pero es un teatro que adopta procedimientos canónicos para hacer claro su discurso, presionado por el fervor, la angustia, la necesidad. No es tiempo para él de renovar la escritura en vista de una revisión estética. Pero ya el fondo es diferente. No hay apoyatura en un ambiente pictórico impresionista —ilusionista— y el «paisaje» es todo interior; es un paisaje de relaciones humanas y de conflictos.

Por ello, de entrada, y a pesar de todo, la indicación de Sastre es muy parca: Interior de la casa de un guardabosques, visible por un corte vertical... Agradezcamos a Sastre que no haya querido concretizar para uso de escenógrafos y «registas» que esa casa de guardabosques tiene tales o cuales planos de interpretación y debe comportar tales o cuales signos de entendimiento: tierra de nadie, antesala de la muerte, etc. Con esto venimos a decir que, si el estilo de acotación nos remite a procedimientos teatrales muy trillados, el diálogo y el conflicto de *Escuadra hacia la muerte* nos ofrecen una comedia aún muy moderna en el sentido de cuán susceptible es de modernizar, de poner «al día», aplicándole sistemas de puesta en escena que la dinamicen plásticamente de forma insospechada por el autor. Añadamos que el autor no tenía necesidad de sospecharlo y que no era ese su objetivo. El teatro de Sastre se desenvuelve a otros niveles y busca como esenciales otras impresiones.

Mas es inútil que el autor, quien quiera que sea, pretenda detener la proyección sugestiva de sus conflictos y diálogos, dejarla aferrada a su más personal o primigenia visión. El teatro es de todos, en el sentido de que todos se hallan obligados a ofrecer su versión, condicionada por el lugar y por el tiempo. Y, como digo, el enfoque plástico-dramático de *Escuadra hacia la muerte*, no sólo es bien susceptible de adaptarse a nuevas formas, sino que, por la misma cualidad de su tesis y de su escritura, hacerlo de un modo demasiado clásico —reminiscente de su fecha de estreno y de los métodos entonces empleados— la puede perjudicar. Y esto, porque de todas las obras estudiadas ésta es la más abstracta e intemporal, aunque en su tiempo —y aun en el nuestro— abstracción e intemporalidad no signifiquen evasión y, en el caso de Sastre, menos aún. Es obra de un carácter concienciador, meditativo, situada con ambición en el plano de la tragedia.

Sin la definición ambiental de gran parte de las obras de Buero Vallejo, tan subrayada en la de Olmo; sin la lírica emotividad irracionalista de *Tres sombreros de copa*, el juego que podemos adoptar —juego escénico— respecto de la obra de Sastre es también más abstracto. Es, sin embargo, fácil adoptar un montaje sugestivo, por dinámico, en obra que busca por otro lado una progresión pausada hacia la tragedia final. El cine, con sus medios particulares, lo ha logrado brillantemente en obras fílmicas de parecido carácter.

Con la evolución de los procedimientos teatrales, la adopción de nuevas convenciones, es posible crear en la escena una impresión de primeros planos, panorámicas, planos medios, etc. El espectador puede observar la escena desde ángulos diferentes, aunque sólo sea con el ya conocido sistema de mover la plataforma giratoria. Los objetos de atrezzo pueden quedar anulados e invisibles. Todo ello, fruto de una dosificación de la luz y un empeñado cálculo escenográfico. La proyección sobre fondos neutros de grandes diapositivas dan vida al bosque diurno y nocturno que cerca la cabaña. Ya sea con amplios medios como con medios modestos, la obra de Sartre admite este nuevo enfoque de puesta en escena. A causa de su estructura, basada en un descarnado conflicto humano, una estética —la de su tiempo y fecha de creación— se imbrica fácilmente en otra: nuestra forma actual de hacer sensible el conflicto, volverlo latente y actual. Sin duda es mérito distintivo y representativo de la mayor parte del teatro de Sastre, y en especial de esta obra, la fácil contingencia de una estética actual con sus fábulas ceñidas por una voluntad demostrativa, a la vez severa y apasionada.

«Hoy es fiesta» (1956),
de Antonio Buero Vallejo

A Victoria,
que estrenó esta obra

EL 14 de octubre de 1949 se estrena en Madrid la obra que ha obtenido el Premio Lope de Vega, del Ayuntamiento de Madrid. Han pasado quince años desde el último premio, concedido a una obra tan significativa en su momento como fue *La sirena varada,* de Alejandro Casona. La obra que ahora se estrena es de un autor desconocido: *Historia de una escalera,* de Antonio Buero Vallejo. El éxito es grande y consagra a un nuevo dramaturgo. En todas las historias del teatro español contemporáneo se registrará ésta como una fecha clave. Simbólicamente, supone reanudar la línea de nuestro teatro, después del tajo de la guerra civil. Los manuales la situarán al lado de las de *Nada* (1945), en novela, e *Hijos de la ira* (1944), en poesía.

Antonio Buero Vallejo tenía entonces treinta y tres años. Había nacido en Guadalajara en 1916. La guerra civil interrumpió sus estudios de pintura, pero conserva muy viva esta afición, como puede comprobarse en su teatro. Al concluir la guerra es encarcelado; en la cárcel es compañero, entre otros, de Miguel Hernández.

Historia de una escalera es el comienzo de una carrera teatral jalonada de éxitos que llega hasta hoy. Otra fecha clave que podemos recordar es la del 21 de mayo de 1972. Ese día, Antonio Buero lee su discurso de ingreso en la Real Academia Española: *García Lorca ante el esperpento.* Muy pocas veces —si alguna— se han agolpado en la docta casa tales muchedumbres. Junto al público habitual, académico, hay una amplia representación de la vida teatral: actores y actrices, directores... En la ceremonia se dan varias circunstancias que le prestan especial relieve: Antonio Buero no formó parte del bando nacional, inició su carrera literaria en la posguerra, ha mantenido siempre una actitud independiente y crítica frente al mundo oficial. Cuando el nuevo académico evoca la figura de un poeta y dramaturgo que debiera haber estado allí, Federico García Lorca, una ola de auténtica emoción se extiende entre el público.

La figura literaria y humana de Antonio Buero ha sabido suscitar un reconocimiento y un respeto poco comunes. Sus comedias se han traducido y representado en muchos países. A su análisis han dedicado libros, entre otros, Ricardo Domenech, José Ramón Cortina, Robert L. Nicholas... Para José Monleón, su teatro es «el único testimonio amplio que nuestra escena ha conseguido proponer sobre nuestra época».

La carrera teatral de Buero se puede dividir, a efectos didácticos, en tres etapas. En la primera alternan obras predominantemente realistas (*Historia de una escalera, Hoy es fiesta*) con otras centradas en conflictos ideológicos y simbólicos (*En la ardiente oscuridad, La tejedora de sueños*). En realidad, se trata de dos tendencias permanentes que, combinadas de una u otra forma, se mantendrán siempre. No hay diferencia entre las dos, como nos aclara el propio Buero: «Por ser todo arte condensación, el más realista de ellos es, también, símbolo. O sea, signo: significado implícito y no explícito, de cosas que la anécdota real y estricta no encierra.»

Una segunda línea (que posee también un significado cronológico: aproximadamente, la década de los sesenta) es la de los dramas históricos. No se trata, de ninguna manera, de volver a la tradición del drama histórico romántico o modernista. En realidad, Buero elige un momento y una situación histórica determinada como punto de partida para reflexionar sobre cuestiones humanas permanentes (*El concierto de San Ovidio*); muchas veces, para reflexionar de modo oblicuo, profundizando en sus raíces, sobre nuestra situación actual (*Un soñador para un pueblo, Las Meninas, El sueño de la razón*). El drama humano —individual y social, biográfico y político— del ilustrado Esquilache, de Velázquez y de Goya son puntos de vista desde los cuales se puede comprender mejor el drama de nuestra historia contemporánea.

La tercera —y última, por el momento— dirección del teatro de Buero es la de los grandes dramas que podemos llamar filosóficos, sin que esto suponga de ningún modo abstracción; al revés, nunca se ha visto más clara la raíz ética de su teatro y su compromiso con los problemas del hombre actual como en *El tragaluz* o en *La fundación*. Dentro de su línea, me parece que nunca ha logrado Buero llegar más lejos.

¿Cómo es esa línea? Hemos aludido ya al realismo y simbolismo, al teatro ideológico bajo forma histórica. Añadamos algo esencial: el fondo moral, expresado en tono grave. El juego dialéctico entre frustración y esperanza.

Para José Monleón [1], Buero conjuga elementos procedentes del benaventismo con otros de la vanguardia y del teatro épico. Lo primero supone, para este crítico, una limitación: ve a Buero limitado por la forma habitual de nuestro teatro. Y una cierta contradicción: con una finalidad distinta, pero usa esquemas formales que revelan la huella de Benavente y Arniches; se trata, pues, de un teatro «abierto» pero que parte de formas creadas para expresar un teatro «cerrado».

Gonzalo Torrente Ballester alaba la maestría técnica del dramaturgo, su «medida y peso, al milímetro, de movimiento y palabras», esa «justificación del tiempo escénico y, al mismo tiempo, preparación de los efectos que han de suscitar en el público las emociones deseadas y previstas». Y defiende más que Monleón su forma: «utiliza formas dramáticas tradicionales o modernas (...) porque unas u otras sirven al caso presente mejor que otras». Insiste en la significación ética de su «pensamiento sobre el hombre o los hombres en general y actitud humana, moral, ante ellos, vivida por el autor y que constituye el núcleo de su men-

---

[1] José Monleón, «Un teatro abierto», en Bueno Vallejo, *Teatro*, Madrid, Ed. Taurus, 1968.

saje. La sustancia, pues, del teatro de Buero Vallejo es de naturaleza ética y no estética (...) Buero es un dramaturgo social sólo en la medida en que es un dramaturgo ético»[2].

Ruiz Ramón subraya su «pasión por la verdad»; se trata de un «teatro interrogativo que pone en cuestión la condición humana misma»[3].

Ricardo Domenech, en fin, en el libro quizás más completo dedicado a este dramaturgo, señala cómo «ningún otro autor español de las últimas tres décadas ha calado tan profundamente en la conciencia de sus contemporáneos» y que «ningún otro —con posterioridad a García Lorca— ha sido capaz de armonizar la calidad y pureza de su mensaje trágico con un amplio éxito de público»[4].

Dentro de la historia reciente de nuestro teatro, Buero Vallejo significa también una actitud que puede resumirse simbólicamente en una palabra: posibilismo. No es cosa de resumir aquí su famosa polémica con Alfonso Sastre sobre este tema. Lo que sí quedan claros son los resultados: año a año, obra a obra, Buero Vallejo ha logrado conquistar los escenarios comerciales madrileños y ser reconocido unánimemente como nuestro primer autor.

Algunos jóvenes han acusado que un teatro sólo puede alcanzar este éxito, hoy, en España, plegándose de alguna manera al carácter burgués del público habitual. Recordando éxitos como los de Bertolt Brecht o Valle-Inclán, Buero ha argumentado que un público mayoritariamente burgués es «capaz de reaccionar muy positivamente inclusive en un sentido netamente antiburgués», por toda una serie de razones que sociológicamente se podrían explorar[5]. Conociendo

[2] Gonzalo Torrente Ballester, «Introducción al teatro de Buero Vallejo», *ibidem*, pp. 43-45.

[3] Francisco Ruiz Ramón, *Historia del teatro español: II: Siglo XX*, Madrid, Ed. Alianza Editorial, Col. El Libro de Bolsillo, 1971, pp. 377-417.

[4] Ricardo Domenech, *El teatro de Buero Vallejo. (Una meditación española)*, Madrid, Ed. Gredos, Biblioteca Románica Hispánica, 1973, página 25.

[5] Declaraciones en el libro colectivo *Creación y público en la literatura española*, Madrid, Ed. Castalia, Col. Literatura y Sociedad, 1974, página 241.

a Buero Vallejo, parece evidente que él no ha claudicado de ninguna manera. Son componentes esenciales de su personalidad la dignidad, la gravedad unida a un buen sentido del humor y, sobre todo, la independencia. Pensemos en el ritmo pausado de su producción: Buero nunca ha querido acelerarla, como le hubiera sido fácil, sin duda, en busca de mayor éxito o dinero. En multitud de ocasiones ha dado muestras Antonio Buero de mantener siempre su actitud inconformista y crítica ante la sociedad y el régimen político español. Precisamente por eso su teatro no se dirige —creemos— a un público ideal sino que busca ejercer una influencia sobre el espectador español. A la vez, parece claro que su innegable talento dramático se expresa preferentemente a través de formas cuya originalidad no es muy llamativa (aunque sí exista, indudablemente: piénsese en *El sueño de la razón* o *La fundación*, por citar sólo dos ejemplos), no supone una ruptura absoluta con el teatro que podemos llamar clásico. Conviene insistir en que esto no se debe a tradicionalismo estético o ideológico ni mucho menos a cálculo. Buero se muestra siempre interesado por conocer el teatro más innovador (una anécdota: es el único autor al que hemos visto seguir todas las funciones de teatro independiente, a lo largo del curso 1974-75) pero no comulga con muchas de las modas últimas y más estridentes. Si unimos a eso la constancia y el talento, se explica de sobra que haya logrado crearse un público adicto, a pesar de que el meollo de sus obras no es alegre ni adormecedor.

Llegados ya al final de esta introducción, quizás sea el momento oportuno de afirmar que, para nosotros, además de su talento dramático innegable, Antonio Buero representa la sinceridad, la autenticidad, tanto a nivel personal como en su obra. Por eso, con independencia de que unos aspectos nos parezcan subjetivamente más acertados que otros, su figura merece un gran respeto.

La obra que hemos elegido para analizar aquí es *Hoy es fiesta* (1956). Históricamente posee una importancia innegable como culminación —creemos— de su primera etapa. Nos encontramos ante el mismo autor que inaugura el teatro español de la posguerra con *Historia de una escalera*, pero que alcanza ahora, quizás, una perfección mayor, dentro de la misma línea. Luego se abrirá Buero a más amplios horizontes, históricos o ideológicos, pero no cabe negar la importancia que posee su primera etapa.

Un día de fiesta como paréntesis en la rutina cotidiana. Un escenario donde coinciden con naturalidad las vidas de los personajes: las azoteas de unas casas populares madrileñas. (En la primera obra era la escalera de una casa de vecinos.) Muchas «vidas humildes, gentes humildes» (así se titula el primer libro de un gran amigo de Buero, el narrador Vicente Soto), pequeñas tragedias con sordina. Personajes que han quedado al margen del éxito social, después de una guerra...

Todo esto nos está remitiendo a un movimiento estético concreto: neorrealismo. Quizás desde la perspectiva de la moda actual (mucho más «in» y sofisticada) resulta esto un poco ingenuo, superado, pero no hay que olvidar el sentido artístico que tiene; sobre todo, el sentido histórico que en estos años tenía. Recordemos cómo surge en Italia, después de la guerra mundial, en oposición al cine evasivo, de «teléfonos blancos», de la época fascista, y como deseo de abrirse a la realidad cotidiana, verdadera, popular. A España va llegando la literatura y el cine italiano neorrealista. Además de la afinidad del pueblo español con el italiano, no olvidemos que en España también se vivía una posguerra amarga y difícil, bajo las hermosas coberturas del triunfalismo oficial. El neorrealismo pareció, entonces, una fórmula eficaz desde el punto de vista estético y social; una fórmula, sobre todo, adecuada al momento histórico concreto. Si en Italia suponía una ruptura con el cine fascista, aquí suponía negar la retórica del Imperio y mirar con atención, con afecto, a los seres humildes, «humillados y ofendidos» siempre, pero más después de una guerra civil.

La primera etapa teatral de Buero —la de *Hoy es fiesta*— se mueve en una órbita cercana al neorrealismo. El mismo escribió, por aquellos años, que esta estética supone «sobre todo, un sentido de reacción contra el teatro convencional (...). Ha incorporado al teatro grande muchas cosas, en cuya eficacia para tal objeto no se creía hasta ayer: el diálogo sin 'frases', los lugares humildes para la acción, la ausencia de 'divos' en el reparto, la sencillez de los conflictos anecdóticos o psicológicos. Acaso el neorrealismo sólo nos haya dado los medios adecuados para una posterior expresión teatral más profunda, pero ya es mucho. Por lo sencillo, comprensible y veraz de esos medios, el neorrealismo sirve hoy de vínculo de unión entre los hombres y posibilita la incorporación del teatro a éstos» [6].

En este texto se advierte claramente que Buero, por entonces, se adhiere al neorrealismo, pero que intentará trascenderlo. Y que el neorrealismo —como cualquier movimiento estético auténtico, no gratuito— no era por aquellas fechas puramente estético, sino que suponía una concepción del hombre y del mundo.

Todo esto lo vamos a encontrar, encarnado con belleza y con emoción humana, en *Hoy es fiesta*. Señalaba Monleón cómo es empeño de Buero el «ligar la meditación sociopolítica con la meditación ontológica». Así sucede en la obra que nos ocupa y ello es difícil, pero, lejos de suponer una limitación o una ambigüedad, constituye su mayor mérito. Pero quizás esto sea adelantar juicios que deben desprenderse naturalmente del análisis posterior. Lo que sí parece ya suficientemente claro y podemos considerar como adquisición es que, en *Hoy es fiesta*, Buero parte del neorrealismo, como puede comprobarse por una serie de detalles, pero lo trasciende desde su personal visión del mundo.

El estreno de *Hoy es fiesta* significó la inauguración de la temporada oficial, en el Teatro María Guerrero de Madrid, la noche del jueves 20 de septiembre de 1956.

Ese día, los periódicos madrileños dedican sus principales titulares a la conferencia de Londres sobre la crisis de Suez. El *ABC* continúa con su campaña para la depuración de las corridas de toros, que levanta grandes polémicas. En

---

[6] Antonio Buero Vallejo, «Neorrealismo y teatro», en *Informaciones*, Madrid, 8 de abril de 1950.

ese periódico encontramos ya la colaboración, sobre un tema intemporal, de Ramón Pérez de Ayala y el chiste de Mingote. La prensa comenta con reprobación la locura del nuevo ritmo, el rock-and-roll.

En los cines madrileños triunfan *Moulin Rouge, La mujer más guapa del mundo* y, desde antes del verano, la almibarada *Sissi*. Se ha estrenado *Embajadores en el infierno*, y algunos antiguos combatientes de la División Azul asisten a las proyecciones con lágrimas en los ojos.

Estamos a final del verano y todavía no ha arrancado del todo la temporada teatral. Rivelles sigue emocionando al público del Lara con el melodramatismo de *La herida luminosa*. Además de eso, sólo se pueden señalar dos comedias de autores españoles: *Un trono para Christy*, de López Rubio, con Isabel Garcés, en el Infanta Isabel, y *Por cualquier puerta del Sol*, de Carlos Llopis, por Ismael Merlo. Se acaba de estrenar una comedia extranjera que pronto será olvidada, *Milagro*, de Manzari, por la compañía de Alejandro Ulloa, en el Reina Victoria.

En cambio, hay espectáculos folklóricos en el Alcázar (*Limón y menta*), el Calderón (Imperio Argentina) y La Latina (Tomás de Antequera). Los Vieneses presentan su habitual espectáculo musical, *Campanas de Viena*, en el Madrid.

En la revista, hay que recordar *Los ladrones van a la oficina*, con Raquel Daina, en el Fuencarral, y *Anda con ella*, de Manuel Paso, en el Cómico. Se anuncia como gran acontecimiento, por una temporada limitada, la revista francesa *Une nuit au Lido de Paris*, que por primera vez se presenta en la capital de España (los precios oscilan entre 150 y 25 pesetas). Pero el público madrileño sigue fiel al monstruo sagrado de nuestra revista, Celia Gámez, que presenta en el Maravillas, ya cerca de las cuatrocientas representaciones, *El águila de fuego*, de Rigel y Ramos de Castro, con música de Francis López, el autor de las grandes operetas que canta Luis Mariano en el Chatelet de París.

Hoy es fiesta —decíamos— se estrenó en el María Guerrero la noche del 20 de septiembre de 1956. El director fue

Claudio de la Torre, a quien Buero dedicó la obra «con amistad y honda gratitud». Emilio Burgos se encargó del decorado, que fue aplaudido al levantarse el telón. El reparto del estreno fue el siguiente:

Nati	María Francés
Doña Nieves	María Luisa Moneró
Remedios	Pepita C. Velázquez
Sabas	Manuel Rojas
Paco	Teófilo Calle
Tomasa	Adela Calderón
Manola	Luisa Sala
Fidel	Pastor Serrador
Daniela	Victoria Rodríguez
La vecina guapa	Malila Sandoval
Doña Balbina	Isabel Pallarés
Silverio	Angel Picazo
Cristóbal	Javier Loyola
Elías	Manuel Arbó
Pilar	Elvira Noriega

Notemos la actuación, en el patético personaje de Daniela, de Victoria Rodríguez (Victorita todavía hoy, para la gente del teatro), con la que después se casará Antonio Buero. La actriz fue aplaudida en un mutis. Al final, los aplausos obligaron a hablar a Buero, que lo hizo, según Alfredo Marqueríe, «en muy sobrias y adecuadas palabras».

Sobre el tono de la representación poseemos el testimonio de su director, Claudio de la Torre: «Por fortuna, las acotaciones de Buero y hasta sus dibujos de los bocetos [no olvidemos su vocación de pintor] ayudan bastante al director de escena y al escenógrafo para lograr la ambientación necesaria. En *Hoy es fiesta* había que subrayar aún más el realismo. Lo exigía el lugar de la acción, una azotea madrileña sobre el fondo de un engalanado caserío, las ruidosas inquilinas (...). En *Hoy es fiesta* hay otra pareja fuera del mundo que la rodea: Pilar y Silverio (...). Volvemos a la encrucijada de dos mundos paralelos en un mismo lugar de acción, aunque ya con la anterior experiencia [*Irene o el tesoro*]. Sin embargo, la solución fue también la misma: mantener la obra dentro del más riguroso realismo, extremando la realización del decorado, para un más convincente testimonio, sobre la perspectiva corpórea de la ciudad, al fondo. El resultado fue sorprendente. El dilatado panorama, casi fotografiado, adquiría valores mágicos al aparecer en el solar, habitualmente convencional, de un escenario.»

En cuanto a la dirección de actores, declara Claudio de la Torre: «Los personajes no ofrecieron mayor dificultad a los intérpretes. El actor español está naturalmente dotado para expresar con sencillez lo que le es propio, y nada más nuestro que este vaivén entre la realidad y los sueños que mueve con frecuencia la esperanzada melancolía de nuestro gran autor dramático»[7].

El estreno fue triunfal. Según el periódico *YA*, «el éxito fue grande y completo. Durante largo rato, las ovaciones atronaron la sala». Para Claudio de la Torre, «proporcionó al María Guerrero una de sus noches más felices. Fue un éxito rotundo». La obra obtuvo, después, los premios María Rolland, Nacional de Teatro y Fundación March.

La crítica periodística fue muy favorable. Para Luis Ardila, en *Pueblo*, la obra supone la «reválida del doctorado de un autor». Esta frase podría resumir la opinión común. La mayoría de los críticos consideraron el estreno como la confirmación del dramaturgo que se anunció en *Historia de una escalera*. Quizás no fuera ajeno a esto el hecho de verla como más positiva u optimista que la primera. No cabe duda de que, como siempre, los críticos arriman el ascua a la sardina ideológica que más les conviene. Así, Nicolás González Ruiz, en *Ya*, se fija en que «la esperanza se sobrepone a todo, incluso a la muerte misma (...). Es una obra optimista, mientras que *Historia de una escalera* era pesimista».

Alfredo Marqueríe, en las páginas de *ABC*, la ve «en la misma línea de *Historia de una escalera*, pero con más

---

[7] *Declaraciones de Claudio de la Torre* en el volumen citado en nota 1, pp. 100-101.

ritmo, más volumen, más consistencia y hasta más ambición dramática (...). Esa línea tiene su arrance en el deseo de incorporar los elementos fundamentales de la tragedia, pasión, muerte, destino, fatalidad, angustia y ser sobrenatural, al ambiente y a los personajes de raíz sencilla, humilde y popular a los que solíamos llamar tipos de sainete». Concluye Marqueríe, en la misma línea de González Ruiz, afirmando que, aunque no suene la palabra Dios, «la obra es absolutamente religiosa»[8]. No debe extrañarnos esto, pues es práctica común de nuestra crítica (recordemos las películas de Ingmar Bergman) el intento de «apropiarse» a los grandes escritores y artistas.

En cuanto a la crítica posterior, la realizada en libros, recordemos unos pocos testimonios. Para Robert L. Nicholas, aunque la situación general recuerda a *Historia de una escalera*, esta obra se beneficia considerablemente de la experimentación de Buero durante los años que separan las dos obras, pues posee más profundidad en las caracterizaciones[9].

Para Francisco Ruiz Ramón, en la obra ya citada, se trata de una pieza-síntesis, a la vez que una pieza-balance de los temas mayores de su teatro, especialmente el de la esperanza. Pero las palabras de esperanza poseen un valor trágico y burlesco. Al espectador le corresponde decidir quién responde en la voz de la quiromántica y, más aún, si hay o no una respuesta.

Gonzalo Torrente alaba el diálogo escueto: todos los personajes —salvo la pareja central— hablan apropiadamente. En cuanto a la estructura, cree que es el acto tercero el que da sentido a los otros dos, y considera como defecto el que la acción interna tarda en aflorar: unos toques más explícitos no lo hubieran estropeado. Por eso, el interés sube cuando se aclara el nudo de la acción.

---

[8] La crítica de Marqueríe se recoge luego en el volumen *Veinte años de teatro español*, Madrid, Ed. Nacional, 1959, p. 181.
[9] Robert L. Nicholas, *The Tragic Stages of Antonio Buero Vallejo*, Estudios de Hispanófila, Univ. of North Carolina, 1972, p. 50.

Quizás el estudio más agudo que conocemos sobre esta obra es el del hispanista suizo Jean-Paul Borel, que titula «Lo imposible concreto e histórico: la esperanza nunca termina». Para Borel, el resorte dramático y el tema central de la obra es la espera y la esperanza. Esta esperanza es trágica porque el mundo no nos deja *vivir*. La posibilidad de una mejora, quimérica o no, crea al hombre y al mismo tiempo lo sume en lo trágico. Buero, al mismo tiempo que hace una apología de la esperanza, nos deja ver su carácter trágico y vano. La voz que concluye la obra nos muestra el aspecto trágico, y quiza incluso burlesco, de la esperanza de nuestro mundo. La esperanza no resuelve nada y acaba siempre por ponernos frente a nosotros mismos. La clara conciencia de lo que nos espera es la única posibilidad de devolver un valor y un sentido a la esperanza. Se trataría de una pequeña esperanza, a la medida de nuestra pequeña vida cotidiana, a la medida del hombre: la única esperanza realizable en el mundo que nos debatimos [10].

Es, pensamos nosotros, la misma *espérance desesperée* que canta Georges Brassens, en el poema de Paul Fort.

En cuanto al género, la obra de Buero se subtitula «comedia en tres actos». Algunos de los críticos que hemos mencionado (Torrente Ballester, Marquerie...) señalan su cercanía, en cierto sentido, al sainete. Casi todos, por otra parte, hablan de tragedia, del carácter trágico. Es éste un punto que el propio Buero ha aclarado con ejemplar lucidez en multitud de ocasiones. Las citas, aquí, podrían multiplicarse. Sin perjuicio de insistir más en el tema, a propósito del final de *Hoy es fiesta*, recordemos ahora unas pocas frases que nos pueden servir de útil guía para la comprensión de la obra. Cuando le preguntan, en cierta ocasión, por la columna vertebral de su teatro, Buero contesta así: «Bien, tal vez pueda llamarse así a una preocupación permanente por los perfiles trágicos del hombre. Perfiles que lindan, por un

---

[10] Incluido en su libro *El teatro de lo imposible (Ensayo sobre una de las dimensiones fundamentales del teatro español contemporáneo)*, Madrid, Ed. Guadarrama, 1966, pp. 256-264.

lado, con lo metafísico, y, por otro, con lo social. Hay en mis dramas un conflicto reiterado entre individualidad y colectividad, entre necesidad y libertad (...). Pero al apuntar esto debo repetir algo que a menudo defiendo: tragedia no significa negatividad o desesperación. La tragedia de más desesperada apariencia se basa en la esperanza y postula, explícita o implícitamente, ciertas *Euménides* finales que todo conflicto trágico, en su tensión, busca.»

Eso, por supuesto, es muy distinto del Buero esperanzado y religioso que alguna crítica quiso ver, con motivo del estreno de esta comedia. Pero también está muy lejos del autor totalmente negro y pesimista que algunos bienpensantes censuraron. El propio Buero aclara: «La tragedia no es pesimista. La tragedia no surge cuando se cree en la fuerza infalible del destino, sino cuando, consciente o inconscientemente, se empieza a poner en cuestión al destino. La tragedia intenta explorar de qué modo las torpezas humanas *se disfrazan* de destino» [11]. Estas palabras, creemos, nos pueden ayudar eficazmente para entender mejor *Hoy es fiesta*.

Construcción dramática.—Señalemos, en primer lugar, el respeto a las unidades de lugar y tiempo, propios de la tragedia clásica. La acción se desarrolla toda en la azotea de una casa de pisos en Madrid, y el tiempo no excede el límite de un día marcado por la preceptiva clásica.

Señalemos de paso, por lo que se refiere al «lugar», la larga y pormenorizada descripción del escenario que hace el autor, ininteligible a trozos y hasta nos atrevemos a decir que inútil para el lector, a quien sólo se le queda la idea de varias azoteas a distinta altura, y un aspecto general de pobreza. Esa descripción es índice de la preocupación del autor por el escenario y de su gusto por la narración, como puede advertirse en algunos fragmentos puramente literarios:

[11] Declaraciones de Buero en el *volumen citado* en nota 1, pp. 55 y 62.

«Mas, sobre todo ello, la tersa maravilla del cielo mañanero y la ternura del sol que desde la derecha, besa oblicuamente las pobres alturas urbanas» (p. 9 de la edic. de Alfil, col. Teatro, Madrid, 3.ª edición, 1967. Citaremos siempre esta edición).

En cuanto a la acción, se puede decir que existen dos tipos de acciones diferentes: una de ellas, la que concierne a los personajes de Silverio y Pilar. La otra es la que protagonizan los restantes vecinos. Ambas tienen un tema común: la esperanza. Esperanza en algo concreto, material, cuya realización se puede comprobar en seguida; es la de los vecinos. Esperanza en algo mucho más difícil: la justificación, el perdón, la de Silverio.

El gran tema de la esperanza está así distribuido en dos planos, en los que las acciones se desarrollan, paralelamente, hasta el final, en que ambas acciones se unen.

La sucesión de terrazas y azoteas constituye una especie de escenario múltiple que favorece la unidad temática. Se producen, a veces, escenas simultáneas; algunas, de gran efectismo, como la final, en la que la voz de doña Nieves, que llega desde su terraza, forma el contrapunto a la acción de Silverio. Otras veces, sin necesidad de entradas y salidas de personajes, se produce el tránsito de uno a otro cuadro.

Los tres actos responden al esquema clásico de planteamiento, nudo y desenlace. En el primero tiene lugar la presentación de personajes y el esbozo de sus problemas. En el segundo se produce una tensión creciente en sus relaciones que culminará en el tercero. En éste hay que distinguir entre las dos acciones mencionadas. La que se refiere a los vecinos termina anticlimáticamente. La tensión dramática crece y alcanza su clímax a mitad del acto tercero, cuando los vecinos descubren que han sido engañados, y desde allí hasta el final va decreciendo, hasta el momento en que los últimos vecinos abandonan la terraza. Por el contrario, la acción que protagonizan Pilar y Silverio sigue creciendo en tensión dramática y termina en su punto máximo con la muerte de Pilar.

Los actos no están formalmente divididos en cuadros o escenas, pero es evidente que existen divisiones más o menos marcadas, que vienen señaladas por la entrada y salida de los personajes, por el número de éstos que habla o por la preeminencia concedida en la escena a alguno de ellos. Vamos a analizar pormenorizadamente la secuencia de estos cuadros:

Acto I. Cuadro 1.º: El acto comienza con la aparición sucesiva en escena de Nati, la portera, doña Nieves, adivina de profesión, y Remedios, su criada.

Las oímos hablar, pero no sabemos todavía quiénes son. En seguida advertimos un procedimiento de construcción que el autor repetirá varias veces: adelantar un detalle que al comienzo resulta misterioso y que de alguna manera despierta la curiosidad del espectador. Se trata, en este primer momento, de la preocupación de la portera por la puerta de la terraza:

«Por quitarme antes la carga del cesto, me dejé abierto y estoy intranquila..., no vaya a ser que se cuele alguien y tengamos cuestión» (p. 10).

Poco después comprenderemos que se trata de una vieja lucha entre los vecinos y la portera.

Más tiempo se mantiene el misterio en torno a la profesión de doña Nieves y esas visitas que la portera selecciona:

DOÑA NIEVES: Pero ya sabe: si alguno no le parece de fiar...
NATI: Que llamen a otra puerta. A esos los tengo yo muy calados (p. 11).

La impresión de estas conversaciones es de autenticidad: asistimos a un fragmento de vida que sólo más tarde adquirirá pleno significado. Favorecido, además, por el coloquialismo de los diálogos, por los rasgos populares magníficamente recreados.

La disposición del escenario permite que un personaje pueda participar simultáneamente en dos acciones. Aquí, doña Nieves conversa en dos acciones distintas e independientes con Nati y con Remedios. Precisamente las brevísimas apariciones de Remedios, en la terraza, son importantísimas para la comprensión de estos dos personajes y de sus relaciones, como veremos al analizar los personajes.

Cuadro 2.º: Aparecen Sabas y Paco, Tomasa y Manola. La escena cobra animación. Se la podría subtitular «la lucha por la terraza» y predomina en ella el tono costumbrista barriobajero. De nuevo se produce una escena simultánea en la terracita de doña Nieves. Mientras, las vecinas espían en silencio.

Cuadro 3.º: Siguen apareciendo nuevos personajes. Ahora, Fidel y Daniela. Después, al fondo, una vecina.

Se plantea el tema del triángulo: Daniela, interesada por Fidel; éste, por la vecina.

Cuadro 4.º: Doña Nieves, Manola y Tomasa, en la terraza. Fidel, doña Balbina y Silverio, en la azotea. Se producen interpelaciones entre los personajes de los dos escenarios. Se formula por primera vez el tema de la esperanza.

Cuadro 5.º: Los mismos más Cristóbal. Escena cómica, de tipo asainetado: riñas, carreras, gritos.

Cuadro 6.º: Doña Balbina, Silverio, Elías; después, Daniela. Es una escena puesta al servicio de un personaje. Aquí es doña Balbina. Los diálogos permiten el desarrollo de su carácter, que empieza a perfilarse con los rasgos definitivos.

Cuadro 7.º: Elías, Silverio; después, Pilar. Está dedicada a Silverio. Nos enteramos de su personalidad y de retazos de su historia. Es una escena explicativa que versa sobre hechos pasados. Pertenece a esa categoría de «diálogos para la galería» en los que el autor ha de enterar al público de unos hechos que no ha visto.

Silverio habla de sí mismo, Elías canta sus alabanzas. Se dicen frases como «Pero tú no eres feliz» o «Ella necesita sentirse un ser humano entre seres humanos» (pp. 29-30), «En fin: eres un tipo como no hay dos» (p. 32). Grandes frases y balances de toda una vida, poco frecuentes en la vida real.

Cuadro 8.º: Silverio y Pilar. El diálogo entre estos dos personajes es, en realidad, un monólogo de Silverio, ya que la sordera de Pilar permite que se expresen en voz alta los pensamientos. Resulta algo forzado. Aunque se diga ante una sorda, una frase como ésta: «¡Mi pobre Pilar! Eres como una niña feliz y yo he cargado con el dolor de los dos» (p. 32), resulta «difícil». Pertenece a esa categoría de cosas que se piensan, pero que no se dicen.

También resulta forzada la rápida síntesis que tiene que hacer de la historia de Pilar (violada por un soldado, ella y su hija son recogidas por un forzudo de circo, y allí las conoce Silverio) para enterar al respetable.

Pero el autor, consciente de la dificultad, procura hacerlo de la forma más verosímil posible, cuidando los detalles. Así, antes, se ha preocupado de advertir (en el diálogo de Silverio y Elías) que Pilar, por haberse quedado sorda de mayor, no ha aprendido a leer en los labios.

Esta escena de tono sentimental e íntimo es interrumpida por la bulliciosa entrada de los vecinos y continúa después, cerrando el acto. Es un acierto fragmentar el diálogo, en el que, si no, se acumularían demasiadas revelaciones importantes.

Cuadro 9.º: Todos los vecinos disputando con la portera. Es una escena cómica, como lo fue antes la 5. Hay un efecto de contraste con la seriedad de la escena anterior y siguiente.

Cuadro 10.º: Acaba el acto. Final efectista, con revelaciones inesperadas. Se afianzan algunos rasgos del personaje de Pilar. Todo el diálogo entre Silverio y Pilar tiene un tono literario, desde que se inicia en la escena 8. Frente al lenguaje coloquial de los vecinos, las frases de Silverio y Pilar resultan todavía más llamativas:

«Es como si detrás de todas las cosas hubiese una sonrisa muy grande que las acariciase» (p. 36). «En todo ese cielo que a ti te sonríe, no hay bastante piedad para mí» (página 37).

Acto II. En líneas generales, representa una tensión creciente en las relaciones entre los personajes.

Cuadro 1.º: Remedios y doña Nieves.

La relación estable, aunque conflictiva, que veíamos en el acto I entre estos dos personajes se carga de tensión dramática: si la situación no cambia, Remedios tendrá que abandonar la casa de doña Nieves.

La esperanza del cambio se centra en el décimo de lotería.

Cuadro 2.º: Paco y Sabas. Después, Fidel.

Se acentúan los rasgos de la personalidad de Sabas y, sobre todo, su rol social.

Su futuro está también condicionado por la lotería. Crece así la expectación ante el sorteo.

Las relaciones con su hermano se hacen más tensas: a los dos les gusta la misma chica.

Cuadro 3.º: Fidel y Daniela.

La tensión entre ellos es de tipo sentimental. Se acentúa al besar Daniela a Fidel y reprocharle su admiración por la vecina.

Cuadro 4.º: Fidel, Silverio, Pilar.

Predomina el tono reflexivo. Se plantean claramente los términos del problema sentimental de Fidel: elegir entre la chica buena que le quiere y la mala que le gusta.

Cuadro 5.º: Elías, Silverio...

Como casi todas las escenas en que aparecen estos dos personajes, ésta carece de acción, de movimiento. Son reflexiones sobre la vida, la esperanza, el ser humano, expuestas en un tono elevado.

Cuadro 6.º: Los mismos, más Tomasa, Manola, doña Balbina, Daniela, doña Nieves, Fidel, Remedios...

Es el cuadro más largo de la obra. Se van alternando las intervenciones de los distintos personajes. El cuadro, en su conjunto, pone de relieve los problemas de cada uno de los vecinos, incluso de los que no hablan, como Fidel (dice sólo una frase), que se manifiestan por miradas. La función de este cuadro es resaltar el momento de tensión por el que atraviesan los vecinos y que se centra en torno a un mismo elemento: el sorteo de la lotería; en él coinciden las distintas esperanzas de cada uno.

Se puede subdividir en los apartados siguientes:

a) Tomasa, Elías, Silverio. Queda de relieve la brutalidad de Tomasa, su falta de tacto y educación en la conversación con Silverio. Al autor le interesa destacar ese aspecto del personaje que muy pronto va a contrastar con otra faceta del mismo.

b) Tertulia en torno a un botijo de vino: es un trozo verdaderamente antológico: bromas, esperanzas, tristeza, resentimientos, aparecen al calor del vinillo. Los personajes se ahondan, cobran calor y vida individuales, abren su intimidad y entrevemos, por un momento, profundidades insospechadas.

Los vecinos quedan retratados como conjunto social, pero también como seres humanos individuales. El autor ha retratado a sus criaturas en este fragmento con una comprensión, con una ternura de clara estirpe galdosiana.

c) Enfrentamiento de doña Balbina con doña Nieves, que termina con la aparición de Daniela en la terraza de ésta.

Añade un nuevo elemento de tensión al hacer alusión a secretos no confesados y a sucesos que van a ocurrir ese mismo día: «¡Mamá, te juro que no he dicho nada! Pero tú sabes que hoy...» (p. 61).

Muy dramática, de tensión creciente. Se descubre «el secreto» del personaje: Silverio se siente culpable de la muerte de la niña, a la que involuntariamente odiaba. Lo dice a gritos ante Pilar. El acto termina en el punto máximo de tensión: ella le tiende el cuadernito para que le escriba lo que le está diciendo. El vacila, pero finalmente se niega.

Las dos acciones de la obra: la de los vecinos y la protagonizada por Silverio y Pilar, tendrán que resolverse en el acto tercero.

Acto III. Es el del desenlace de las dos acciones. Como decíamos al comienzo, la acción que protagonizan los vecinos alcanza su clímax hacia la mitad del acto, mientras que la de Silverio y Pilar mantiene su tensión hasta el mismo final.

Cuadro 1.º: Se le podría llamar «La espera» y se extiende hasta el momento en que Fidel entra con el periódico. Están en escena Tomasa y Manola, Silverio y Pilar, doña Balbina y Daniela, y Fidel, que sale y entra de nuevo.

La disposición del escenario permite que a ratos se den simultáneamente el diálogo de Tomasa con Manola y el de Silverio con Pilar.

El paralelismo de las dos acciones se hace aquí evidente: las preocupaciones, la inquietud de los vecinos, no tiene nada que ver con la preocupación de la otra pareja, aunque coincida en el tiempo.

Cuadro 2.º: Es la escena del «gordo», de gran dinamismo, con entradas de personajes, gritos, bailes...

Termina con la salida de Sabas y doña Balbina, Manola, Remedios, Fidel, doña Nieves y Pilar.

Cuadro 3.º: Tomasa, Silverio, Daniela y Elías.

Es un cuadro tenso, pero silencioso, sin gritos. Estructuralmente es como un paréntesis, un compás de espera entre los cuadros de gran movimiento y tumulto.

Cuadro 4.º: Es el del desenlace para la historia de los vecinos. Consta de dos partes: una primera, de gran movimiento y agitación (cuando los vecinos acosan a doña Balbina), que acaba con la salida de Sabas, desmayado. La segunda, más sosegada, con silencios y pausas que separan las palabras de los personajes.

El ritmo rápido de la primera mitad refleja la agitación de los personajes, su ira ante el engaño de que han sido objeto; la lentitud de la segunda es expresiva de su desaliento, de su cansancio.

Advertimos el mismo cuidado por los detalles que hemos visto a lo largo de la obra: Silverio golpea a Sabas en la cabeza con el aparato que ha estado construyendo durante los dos actos precedentes.

En este cuadro termina la historia de los vecinos anticlimáticamente, como decíamos al comienzo, no en el estallido de su ira, sino en la resignada tristeza de la segunda parte.

Quedan pendientes las historias particulares: la de Silverio, la de Daniela y Fidel, que se resuelven en los cuadros siguientes:

Cuadro 5.º: Pilar, Elías, Daniela (doña Balbina, en silencio). Cuadro muy breve, preparativo del final. Para que éste sea verosímil hemos de ver a Pilar quejándose de un golpe muy fuerte en la cabeza.

Cuadro 6.º: Doña Balbina y Daniela.

Produce un efecto de sorpresa. Es un cuadro que matiza y consolida a doña Balbina como personaje. En él quedan patentes su terrible ingratitud y soberbia. Aparte del acierto psicológico en la creación del personaje, este final agrio redondea la escena del perdón que podía parecer excesivamente rosada. Aquí vemos aparecer, de nuevo, junto a la bondad y el desinterés, la hipocresía y la maldad, con lo que el cuadro resulta más verosímil y realista.

Cuadro 7.º: Daniela y Silverio.

Es el desenlace del problema interior de Daniela.

Queda pendiente, aunque se presupone el desenlace, la relación con Fidel. Es un acierto porque, si se resolviera en ese día, se acumularían demasiadas cosas importantes.

Estructuralmente, esta escena es muy importante porque en ella se funden las dos acciones que hasta ese momento han tenido un curso paralelo: la intervención de Silverio en la historia de los vecinos viene a condicionar su propia historia personal: la vida de Daniela que él ha salvado viene a ser como una compensación por la vida de la otra niña.

Cuadro 8.º: Monólogo muy breve de Silverio. Se plantea la relación entre su vida y la de los vecinos. Se abren unos interrogantes y se toman decisiones que se van a resolver en el cuadro final. Momento de gran tensión.

Cuadro 9.º: Final muy efectista, con una muerte en escena. Movimiento pendular de los sentimientos del protagonista que pasa de la esperanza a la desesperanza. Final ambiguo, que mantiene abierto el interrogante que plantea el cuadro anterior y que responde a la tesis de la obra: la esperanza tiene que ser para el hombre una pregunta y no una respuesta.

Aunque el reparto en cuadros no sea obra del autor, observamos el equilibrado reparto de la materia dramática en los tres actos. Descomponiendo los cuadros largos en todas sus partes tenemos diez apartados en el acto I, nueve en el II y diez en el III.

Análisis de personajes.—Hay en la construcción de los personajes de la obra un procedimiento propio de los grandes narradores de la novela realista: la capacidad de crear un personaje de una forma plástica, con un rasgo o en una actitud que lo fija y lo individualiza en la memoria: pensemos, por ejemplo, en la aparición de Fortunata de Galdós comiéndose un huevo crudo, como ejemplo de este procedimiento. En *Hoy es fiesta* lo encontramos en la pareja formada por doña Nieves y Remedios. Doña Nieves, tras beberse una copita de anís, saca un lápiz de bolsillo y hace una marca en la botella para señalar el nivel. Por su parte, Remedios, cuando va a recoger la copa, se bebe las escurriduras. Esos gestos son tan importantes, para la comprensión de su carácter y de las relaciones entre ambas, como el diálogo que se establece entre las dos.

El cuidado por los detalles, la preocupación de Buero por no dejar «cabos sueltos» le lleva, a veces, a exagerar algunos matices, con lo que el efecto resulta demasiado evidente. Por ejemplo, para recalcar el desinterés de Fidel hacia Daniela (p. 19), hace que éste no se entere de sus palabras cuando la tiene a su lado y cogiéndole un brazo. Desde luego, el espectador comprende rápidamente la situación, pero el efecto es un poco tosco. Ahora bien, esto es justificable en el plan general de la obra: para que al final Daniela pueda asumir la personalidad de mujer «fuerte» que le pide Silverio, era necesario señalar, aunque fuera exageradamente, la debilidad y el egoísmo de Fidel desde el comienzo.

Otro ejemplo similar encontramos en el acto II cuando Tomasa le dice a Silverio: «Le voy a dar una idea, hombre. Y de balde. ¿Por qué no inventa usted un aparato para la sordera?» (p. 53).

Esa insistencia en la brutalidad, en la falta de educación de Tomasa, parece ya innecesaria; sin embargo, funcionalmente es oportuna. Muy pronto, entre todos los vecinos, será precisamente la bruta de Tomasa, la más bruta de los vecinos, la que pronuncie palabras de esperanza que turban la conciencia de Silverio. Es como la voz de la naturaleza que hablase frente al pesimismo razonador de Silverio. Es también Tomasa la que, por su misma brutalidad, salvará a doña Balbina del celo policial de la portera. Su amenaza de «patearle encima hasta que no le quede hueso sano», si ésta la denuncia, es de efecto inmediato. El autor explicita por boca de Silverio su lección de humildad: «A pesar de todo, son de oro» (p. 85).

Los personajes se van construyendo a lo largo de la obra: sus palabras, sus gestos, sus actos, van descubriendo aspectos de su personalidad. Es éste uno de los principales méritos de la construcción de personajes. En el caso de doña Balbina, este procedimiento se puede estudiar perfectamente.

Al comienzo, doña Balbina es un personaje más conmovedor que antipático. Los vecinos se dan cuenta de sus mentiras y se burlan de ella más o menos abiertamente. Por ejemplo, Elías, cuando ella presume de hacer natillas «con sus bizcochos y su leche de primera: nada de polvos» (p. 27), y las vecinas, cuando hace remilgos para beber del botijo de vino (p. 54). Aparece, en relación a su hija, como una madre dominante, avasalladora, y en relación a sus vecinos, como el prototipo de la persona preocupada por las apariencias, en su peor aspecto. Como el hidalgo del *Lazarillo*, sin resignarse a su miseria, pero sin trabajar para salir de ella.

El enfrentamiento con doña Nieves (p. 58) acentúa los rasgos de dureza y crueldad del personaje, que queda fijado definitivamente en el acto III, donde su soberbia y su ingratitud se hacen patentes (p. 86).

También aparece algún ejemplo de la definición o autodefinición como procedimiento para construir personajes, pero muy matizado, no de forma tan simple como hemos visto en *Escuadra hacia la muerte*. Así, por ejemplo, Silverio se autodefine: «un tío industrioso, que lo mismo arregla una máquina de afeitar que construye viseras de cartón para los toros o pinta un rótulo (...). Un tipo de feria: casi un saltimbanqui» (p. 29).

Pero se advierte que eso no es una verdadera autodefinición, sino que forma parte de la actitud autodenigratoria del personaje.

También Silverio define a Fidel y Daniela, pero de un modo muy general, refiriéndose fundamentalmente a su actitud ante los problemas:

«Tendrás que cuidarlo toda la vida, porque ése será siempre un niño (...). Tú serás la más fuerte en un hogar donde no faltarán estrecheces...» (p. 88).

Algunos de los personajes son de gran complejidad y presentan una doble vertiente: íntima y social. Tal es el caso, ya citado, de doña Balbina. Ya hemos dicho que, socialmente, doña Balbina aparece como una señora pretenciosa y ridícula, que dice cosas hirientes, pero a quien se le puede hacer callar porque todo el mundo conoce sus aprietos. El aspecto íntimo se revela en las relaciones con su hija, donde la vemos aparecer como una persona muy egoísta y soberbia, que amarga la existencia a la pobre chica.

La misma doble faz se da en Silverio. Para la comunidad de vecinos es un Quijote, un hombre desinteresado y noble que desperdicia su talento por humildad. Todos admiten su superioridad moral e incluso ejerce una cierta autoridad, como se advierte cuando le dice a doña Balbina que deje en paz a Daniela (p. 68), o en el caso del décimo falso. Intimamente, es un hombre torturado, que se siente culpable e intenta autojustificarse sacrificando su vida a la felicidad de su mujer.

En el caso de Silverio y doña Balbina, la consecuencia formal de esta complejidad psicológica es una especie de acción doble. La faceta íntima de Silverio aflora en las conversaciones con Elías y Pilar, y no con el resto de los personajes. La cara íntima de doña Balbina sólo se ve cuando se queda a solas con Daniela. Por supuesto, no hace falta decir que no se produce una ruptura total entre un aspecto y otro, sino que, en las escenas «comunitarias», la faceta íntima de esos dos personajes se manifiesta sólo débilmente y queda, por el contrario, patente en las otras.

El doble aspecto social o íntimo se da también en los demás personajes, ése es uno de los méritos de la obra; pero sólo doña Balbina y Silverio requieren, por su mayor complejidad, cuadros independientes, es decir, momentos en que les vemos actuar a ellos solos, para poder manifestar todos los matices del personaje. Incluso Silverio, que es el más complejo, con su historia pasada, con su secreto, requiere algo más: un personaje que existe en función de él. Elías es un personaje «funcional», es el confidente, un elemento necesario para evitar los monólogos que, de multiplicarse, restarían dinamismo a la obra. Su presencia sirve, sobre todo, para destacar y perfilar la de Silverio y Pilar; su relación con los otros personajes adolece de esta función; no encaja; es una especie de quiste en la comunidad de vecinos; a Tomasa le parece «algo guillado» (p. 53).

No se puede decir, sin embargo, que sea un personaje descuidado. No hay descuidos en *Hoy es fiesta*. Para darle entidad humana, el autor le ha creado una manía: su gusto por las cosas del pasado, y así asistimos a sus nostálgicas evocaciones de sus tiempos en la Tipografía Gutemberg, donde se editaban *La Novela Semanal* y *El Mundo Moderno*. Sin embargo, no llega a tener la calidad humana de cualquiera de los otros vecinos. Su presencia va unida a las confesiones de Silverio, a su misterio, a su problema, y eso le empequeñece como personaje independiente.

Decíamos antes que también en los restantes personajes, o, mejor dicho, en casi todos, se da la faceta íntima, aunque en ellos no requiera una escena independiente. La vida íntima, los deseos, las esperanzas, las tristezas, afloran de pronto y el personaje cobra una profundidad nueva. En definitiva, esta característica responde a uno de los rasgos definitorios del mejor realismo. Como en Galdós, la mirada atenta del autor descubre al personaje bajo la apariencia insignificante del «tipo». Las gentes, mirándolas con atención, dejan de ser «la vecina alborotadora», «el tipo raro del tercero», para convertirse en seres humanos con complejidades imprevistas.

En *Hoy es fiesta*, la lotería, con sus ilusiones antes y su desengaño después, es el elemento que hace aflorar la faceta íntima de los personajes.

Manola, la vecina jaranera, la del botijo de vino, se nos muestra de pronto como una madre preocupada y una esposa añorante:

MANOLA: (*Soñadora.*) Si a mí me tocase, me volvería al pueblo. Con algún dinerillo, mis hermanos me recibirían bien, y yo les ayudaría a llevar la casa y en las faenas del campo... Aquí estoy muy sola, con el marido siempre fuera... *(Con enorme tristeza.)* Porque ya saben dónde está... Está en la cárcel. (*Un silencio. Doña Balbina no puede evitar el apartar un poco su silla.*) Si me tocase, podría ayudarle mejor, y enviarle paquetes, y visitarlo más a menudo... Pero me volvería al pueblo... Estoy cansada de esto, y mi pobre Luisillo no medra. Allí le saldrían colores... Y podríamos esperar con más paciencia a que él volviese... (p. 57).

Al calor de la ilusión, afloran los gustos burgueses de «la bruja»: un pisito soleado con pájaros y gatos, ir al cine todas las noches y, «si alcanzaba..., quizá una finquita en las afueras, para el verano» (p. 58).

La bruta de Tomasa se nos aparece como una mujer cansada de bregar con la vida:

TOMASA: (*Melancólica.*) Si a mí me tocase, me iba a reír del mundo. ¡Perra vida!... (p. 57).

«Y así toda la vida..., corriendo como perros tras las cosas sin conseguirlas nunca... Nunca» (p. 82).

Incluso en un personaje tan secundario como Cristóbal, el marido de Tomasa, se produce esa irrupción de la intimidad, que profundiza el personaje. Sólo le habíamos visto

como el energúmeno que reclama a gritos a su mujer, que
se pelea con doña Nieves, a la que llama «bruja de pega»;
personaje cómico en su indignación, por otra parte, bastante
justificada. Y, de pronto, cuando Silverio descalabra a su
hijo Sabas para salvar a doña Balbina, le vemos como un
padre preocupado, no por la integridad física del chico, sino
por sus malas inclinaciones, por sus bravuconadas que han
podido desgraciarle y «desgraciarnos para toda la vida» (página 78). Se hace cargo de la situación con completa seriedad:
«Deje. Yo lo bajo. (Sustituye a Elías, y llevan a Sabas
hacia la puerta, quejoso y medio desvanecido. Tomasa se
acerca. Cristóbal se detiene.) ¡Tú te quedas! ¡Tengo yo que
decirle unas cuantas cosas a solas, sin que tú me lo con-
temples! (Sabas gime.) Te duele, ¿eh? ¡Todavía no te has
quejado bastante! ¡Paso!» (p. 78).

A través de sus palabras se adivina el problema de ese
hijo consentido por su madre, que, evidentemente, le prefiere a Fidel.

El mayor acierto en cuanto a creación de personajes
es, probablemente, el conjunto de los vecinos, como grupo
humano. Tenemos la impresión de que podríamos encon-
trarlos en cualquier barriada popular madrileña. Llenos de
humanidad, con defectos y virtudes, ilusiones, sueños, de-
cepciones y trabajos; sin historias complicadas en su vida,
pero con una vida interior que les individualiza.

Otro es el caso de Silverio, que presenta una característica común a otros personajes de Buero: tiene un secreto, una horrible mancha en la conciencia que le atormenta.
Un secreto tiene también Vicente en *El tragaluz*: el aban-
dono de su familia llevándose sus únicos medios de vida. En
Llegada de los dioses, se trata del recuerdo de la tortura in-
fligida a un prisionero. En el caso de Silverio, éste se siente
culpable de la muerte de la hija de Pilar.

Estos personajes de Buero producen un doble efecto sobre el público. Por una parte, despiertan su interés, excitan
su curiosidad, que se mantiene hasta que el secreto es revelado. Pero, por otra parte, producen una distanciación: son
el caso raro que la mayoría siente ajeno a su propio pro-

blema. Porque si bien es cierto que todos tenemos algo de que sentirnos culpables, también lo es que un secreto concreto no favorece la identificación.

Es casi ocioso decir que estos personajes son uno de los medios dramáticos escogidos por el autor para plasmar el gran tema de la culpa que, naturalmente, es de alcance universal, y que en esta misma obra veremos tratado también de otra forma (relaciones de Daniela y su madre). Pero ahora nos referimos a la pura creación de personajes y, en este sentido, los «personajes con secreto» tienen algunos aspectos negativos o, al menos, difíciles de resolver.

Otro de los problemas que crean estos personajes es de tipo técnico: hay que enterar al espectador de la historia pasada del personaje, de las circunstancias de su secreto. Cuando la historia es sutil, como en el caso de Silverio (sentirse culpable de una muerte accidental), hay que recurrir al monólogo (otras soluciones son los sueños, las pesadillas, las alucinaciones, las confesiones al amigo íntimo...). En el caso que nos ocupa, la sordera de Pilar convierte el diálogo en monólogo al expresar en voz alta el personaje sus pensamientos sin esperar respuesta a ellos. Las conversaciones con Elías completan el perfil del personaje.

Hoy, los monólogos realistas, donde, en perfecta concatenación lógica, afloran los pensamientos o los sentimientos de un individuo, los sentimos pasados. En cambio, el monólogo interior, el fragmentarismo, la enumeración caótica, los retazos incoherentes de pensamientos, nos parecen más expresivos de la intimidad humana.

En *Hoy es fiesta*, la dificultad aumenta por las circunstancias concretas de la trama: Silverio no quiere comunicar a Pilar sus verdaderos sentimientos, pero el público ha de enterarse de ellos. De ahí se derivan situaciones como la de hablarle en voz alta a una sorda de cosas que no debe oír, que se sienten poco naturales, aunque ya el autor ha tenido cuidado de advertir que ella no sabe leer en los labios.

De algunos personajes no se nos da su vida interior. Están como observadores, se puede decir, más como elemen-

tos de la sociedad que como individuos. Tal es el caso de
Sabas y Paco. Las bromas pesadas y estúpidas, carentes de
toda gracia, caracterizan a estos aprendices de personajes:
echar una lata a la calle desde la azotea, arrojar un la-
drillo en la sartén del churrero. Hay interesantes observaciones de psicología de grupo; por ejemplo, en la relación
entre los dos chicos, es claramente perceptible el rol de líder que ejerce Sabas: es el jefe, el más fuerte y el más
bruto. Su autoridad se proyecta también sobre su hermano
Fidel, que, además de temerle, le desprecia y le admira a
un tiempo. Le insulta para su coleto (p. 43), pero, en su
ausencia, le imita delante de Daniela (pp. 43-44). Sabas es
más un tipo que un carácter; interesa por su papel social
que está bien estudiado: el bravucón de barrio, consentido
y protegido por su madre, que plantea negocios al margen
de la ley, al borde de la delincuencia y cercanos a ella.

Otro ejemplo interesante de esta psicología de grupos es
la reacción de las gentes al saberse engañadas. Se niegan a
aceptar que están igual que antes, se sienten estafados, no
en el dinero real que les ha costado su participación, sino
en el dinero ilusorio que les habría correspondido de ser
auténtico el décimo. Su actitud vengativa puede resumirse en la frase de Tomasa: «¡Si nos ha fastidiado a todos,
que se fastidie ella también!» (p. 80). Sin embargo, en cuanto
alguien perdona y depone su actitud, todos le imitan; nadie
quiere ser el malo, el verdugo; es el deseo de no ser menos
noble, menos generoso que otro lo que, en definitiva, salva
a doña Balbina.

Señalemos un último ejemplo de análisis psicológico de
la sociedad. Apunta Buero un rasgo muy característico de
algunos estamentos sociales: el celo policial. Es un rasgo
típico en nuestra sociedad que se da en cobradores de au-
tobús, porteros, serenos; en general, empleados humildes y
mal pagados.

Aquí es Nati, la portera, quien hace gala de esa «virtud»:
su empeño en impedir el acceso de los vecinos a la azotea
tiene más de complacencia en la propia autoridad que de
defensa del bien común.

En el asunto del décimo falso, vuelve a dar muestras de esa actitud:

«Yo no jugué a ese número y no tengo papeleta que devolver. ¡Pero la denunciaré, porque es mi deber y porque una persona así sobra en esta casa!» (p. 83).

El deseo de justicia encubre, como tantas veces, intereses y sentimientos personales.

Temas y contenido.—Dos grandes temas unifican las dos acciones de la obra: el tema de la esperanza y el tema de la culpa.

La esperanza aparece en *Hoy es fiesta* como el gran motor de la vida, como lo que ayuda para seguir adelante en un mundo difícil, duro, insatisfactorio. «De esperanza vive el hombre, Silverio. Y tú también, aunque no lo creas» (página 51). Las esperanzas concretas, pequeñas, inmediatas se desvanecen, se frustran, pero son sustituidas de nuevo por otras, como olas de un gran mar en el que todos navegan. Espera doña Nieves la tranquilidad de una vida burguesa, no sometida al azar de sus cartas: el cine cada noche, un piso amplio con pájaros y gatos, un chaletito para veranear... Espera Manola la posibilidad de irse al campo con su hijo, una vida más sana y menos solitaria. Espera Tomasa la comodidad de un desahogo económico: la lavadora, el toldo de la terraza. Daniela, una vida digna, con trabajo para mantenerse, y con el amor de Fidel. Y cuando llega la decepción y el fracaso, de nuevo, a lo lejos, vuelve a encenderse la luz de una nueva esperanza:

TOMASA: [...] ¡Venga, Manola! (*Le da un golpe en el hombro.*) ¡Al próximo sorteo le compro yo a usted el décimo! ¡Y mañana le pago las cartas, que nos van a decir a las dos cosas buenas!
(*Manola se levanta y va tras ella con su silla a cuestas.*)
MANOLA: (*Escéptica.*) ¿Las cartas?
TOMASA: ¡Qué! ¡Un día sale todo, ya lo verá! (p. 84).

Porque la esperanza no es sólo un consuelo, es una condición del ser humano. El hombre *debe* esperar. Esa es la lección que saca Silverio, el desesperado, el que creía que para él ya no existía esperanza:

«Lo que ha ocurrido es como una señal de que también yo... puedo esperar» (p. 84).

La esperanza es como un grito de la naturaleza que quiere vivir y ve en ella la única justificación para seguir adelante. Por ello es Tomasa, la más bruta, la más elemental y primitiva, la que da la razón fundamental para la esperanza:

«¡Pues hay que esperar, qué demonios! Si no, ¿qué sería de nosotros?...» (p. 58).

¿Qué sería, en efecto, del hombre si no esperase en nada?...

El desarrollo de la obra puede hacer pensar que la esperanza es sobre todo un engaño, un dorado señuelo que inútilmente intentamos alcanzar. Esta dura verdad se hace patente hasta en los más animosos:

«Y así toda la vida. Corriendo como perros tras las cosas, sin conseguirlas nunca... Nunca» (p. 82).

Tomasa, sin embargo, volverá a esperar. ¿Quiere esto decir que la esperanza es el consuelo para las almas sencillas? ¿Qué sucede con Silverio? El final de la obra es equívoco y se presta a diversas interpretaciones. La voz de doña Nieves, hablando de esperanza, puede parecer, incluso, una broma cruel del destino. Silverio esperaba una palabras de perdón y encuentra sólo el silencio de la muerte y, como contraste, una cantinela que ya hemos oído otras veces y que fue seguida de un fracaso. Pero hay otra interpretación posible. Silverio, hasta ese día de fiesta, se ha sentido distinto, aparte de los demás vecinos: es el único que no espera nada del futuro. Lo confiesa él mismo:

«¿Y el futuro, Elías? (Elías lo mira muy asombrado.) ¿Es que tampoco esperas nada del futuro? (Descompuesto.) ¿Es que te pasa lo que a mí?» (p. 51).

La misma Tomasa se da cuenta de esa actitud y se la reprocha, lo mismo que a doña Balbina, aunque las razones de ésta sean diferentes, como se sabrá más tarde:

«¡A ustedes dos se lo digo, que parece como si no esperasen ya nada de este mundo!» (p. 58).

Pero los acontecimientos ocurridos, la intervención de Silverio en la vida de sus convecinos, le lleva no sólo a esperar también él en el futuro, sino a sentirse uno más entre ellos: «Hoy me siento como todos ellos, fundido, al fin, con ellos.» Al morir Pilar, Silverio se retrae, de nuevo, a su soledad, a su problema personal:

«Quizá puedes oírme al fin por tus pobres oídos muertos... Quizá ya sabes. Y yo, ¿cómo sabré? Sólo tu boca podía decirme si tengo perdón. Sólo tu boca... ¡Pilar, Pilar!... ¡Si aún pudieras decírmelo!... Pero estoy solo. Tú lo eras todo para mí y ahora estoy solo» (pp. 90-91).

Es en ese momento, precisamente, cuando la voz de doña Nieves le ofrece una respuesta, una posibilidad de salir de su soledad y unirse a todos los seres:

«Hay que esperar... Esperar siempre... La esperanza nunca termina... La esperanza es infinita» (p. 91).

La esperanza —parece ser la tesis de Buero—, lo que no puede ser es una tesis. Es una tensión, un impulso hacia. Nunca una certeza, una seguridad. Silverio no tendrá nunca una respuesta de Pilar. Pero su camino tampoco está absolutamente cerrado. La duda existe, y, con la duda, la esperanza.

El propio Buero, refiriéndose al sentido de su teatro, explica esta característica de su visión del mundo: «Mi teatro es, naturalmente, respuesta precaria, a su vez, a esas permanentes preguntas acerca del mundo y de la vida que me acompañan. Respuesta precaria, primero, por la sospechada endeblez de las obras; después, porque toda respuesta a tales interrogantes es siempre parcial e insuficiente. Y ni siquiera respuesta, podría añadirse, pues los dramas que las abordan no encierran, por lo general, otra respuesta que la de seguir interrogando (...). Viene a ser, pues, el mío, un teatro de carácter trágico. Está formado por obras que apenas pueden responder a las interrogaciones que las animan con otra cosa que con la reiteración conmovida de la pregunta; con la conmovida duda ante los problemas humanos que entreví. Con frecuencia, llega esto en mis dramas a literal realidad: el «ritornello» de una frase clave o de una situación clave denuncian la final persistencia de las cuestiones planteadas»[12].

A la luz de estas palabras comprendemos que la cantinela de la «bruja» es una nueva interrogación, pero más acuciante, más imperiosa sobre el tema de la esperanza. Con talante unamuniano, la obra de Buero no da respuestas (tranquilizadoras, al fin), sino que inquieta con preguntas que cada hombre debe responder.

El segundo gran tema de la obra es el de la culpa, o, si queremos decirlo con otras palabras, la segunda gran interrogante que plantea *Hoy es fiesta* se refiere a la responsabilidad humana sobre sus propios actos. Y, de nuevo, vamos a tomar unas palabras del autor; aquéllas donde afirma su «implícita convicción (...) de que los hombres no son necesariamente víctimas pasivas de la fatalidad, sino colectivos e individuales artífices de sus venturas y desgracias»[13].

En íntima conexión con el tema de la culpa está el de la aceptación de uno mismo y la posibilidad de cambiar, y, al fondo, un tema de raíz unamuniana: las distintas personas que hay en un mismo individuo. Y, englobando todo ello, el tema del destino y la pregunta de si el hombre puede ser el artífice de su propio destino.

Ya hemos adelantado cuál es la postura de Buero ante ese tema; veamos ahora cómo se desarrolla en la obra.

En dos ocasiones, Silverio manifiesta su creencia de que en cada persona existe un ser distinto capaz de las mayores maldades, un ser que somos nosotros mismos en una versión mala y desconocida, un mister Hyde particular que aflora sólo en algunas ocasiones:

[12] Declaraciones de Buero en el *libro citado* en nota 1, p. 51.
[13] *Ibidem*, p. 52.

«Pero hay días... en que a todos nos sale afuera lo peor, las cosas más brutales e inconfesables. Días en que nos convertimos en otra persona... Una persona odiosa, que llevábamos dentro sin saberlo. Y esa persona somos nosotros mismos...» (p. 50).

«Nunca debí casarme contigo. Dentro de mí hay una fiera enferma, egoísta y sucia» (p. 64).

¿Somos responsables, somos culpables de los actos de esa fiera que surge contra nuestra voluntad? Ante la sociedad, no. Se trata siempre de actos que los demás atribuyen a móviles inocentes, o, en todo caso, a la mala suerte, al destino. Pero ante su propia conciencia, el hombre se siente culpable. En la obra, dos ejemplos ilustran esto: la historia de Silverio con la hija de Pilar, y la de Daniela con su madre. Veamos primero la de Silverio:

«Mi vuelta a casa con el cuerpecito de ella en los brazos. Y la historia... La picadura inesperada mientras yo trabajaba, la carrera a campo traviesa para salvarle y la intervención tardía... (Se levanta, mirándola con desesperación.) ¡Fui yo, Pilar! ¡Yo escuché su voz a mis espaldas, preguntándome si podía coger aquel bichito! ¡Y dije que sí sin mirar! (Se aparta ahogándose. Ella se levanta también, espantada.) He tratado de convencerme de que estaba distraído, de que no comprendí lo que decía, de que yo no era culpable. (Se vuelve y la mira.) ¡Pero es mentira! ¡Dije que sí porque la odiaba, porque no era mía, porque su presencia me hacía imaginar constantemente el horror de un soldado sin cara brutalizándote!... ¡Y aquél fue el momento de la tentación, del rencor que uno cree dominado y que nos emborracha de pronto... y nos paraliza!... ¡Y dije que sí!... ¡Sin querer pensar!... ¡Como un miserable!» (p. 64).

Silverio intenta justificarse ante sí mismo consagrando totalmente su vida a su mujer. Se castiga a sí mismo reprimiendo sus inclinaciones artísticas, se prohíbe el desarrollo de su talento en una voluntaria automortificación. Vive pobremente, trabajando en pequeñas cosas que les permitan subsistir con estrecheces. Intenta, con infinita paciencia y cariño, que su mujer olvide lo que ella piensa que fue accidente. Durante mucho tiempo cree haberlo conseguido. («¡Mi pobre Pilar! Eres como una niña feliz y yo he cargado con el dolor de los dos. No importa; te lo debía.») Pero la revelación inesperada de que Pilar también sufre en silencio provoca una nueva crisis. Su sentimiento de culpabilidad se hace acuciante. Necesita confesarse a ella y solicitar su perdón, pero no puede hacerlo porque está convencido de que ella no podrá perdonarle:

«¡Y necesito tu perdón, porque te quiero!... ¡Y estoy perdido! Porque sé que nunca, nunca, podrías dármelo... si lo supieses» (p. 65).

La seguridad procede exclusivamente del sentimiento de culpa de Silverio. Es él y no ella quien no puede perdonar lo sucedido. Sin embargo, los hechos que van a suceder a lo largo del día van a hacer cambiar la postura de Silverio, inclinándole a la esperanza y el perdón.

El primero de ellos ha ocurrido ya cuando tiene lugar el desesperado estallido de Silverio. Su importancia va a revelarse más tarde.

De igual modo que hay momentos en que surge la fiera del yo malo, hay días buenos. Podíamos pensar: hay una persona «buena» en cada individuo. Silverio (¿Buero?) es más pesimista: sólo unos pocos días de bondad y clarividencia nos son dados:

«En la vida todo es tan oscuro y tan misterioso... Y los hombres somos tan pequeños... Quizá cada uno tiene sólo un día, o unos pocos días, de clarividencia y de bondad. Creo que hoy he ayudado a Fidel; pero, al mismo tiempo, dudo. (Sonríe.) Tal vez no sea hoy mi día» (p. 50).

Ese día de fiesta es, sin duda, uno de los días buenos de Silverio; su bondad, su clarividencia le llevan a intervenir, incluso imprudentemente, sin que se lo pida, en la vida de Fidel, haciéndole ver que sus «ilusiones locas» de adolescente le hacen despreciar a una chica que le quiere por otra que no le merece. Por primera vez en ese día, Silverio planteará la necesidad de aceptarse a uno mismo:

FIDEL: (*Suspira.*) Me ha hecho usted mucho daño. De sobra sé que soy un pobre diablo; pero yo quería olvidarlo... o hacerme la ilusión, al menos, de que dejaría de serlo. De nada sirve que alguien me quiera como soy, porque yo no quiero ser como soy.

SILVERIO: No se desprecie usted tanto... Usted tiene mejores cualidades de las que cree. No las cambie por la necia ilusión de convertirse en un tipo de película (p. 48).

La segunda acción de Silverio en ese día es obra de su bondad: conseguir que las vecinas no denuncien a doña Balbina. Pero la tercera, la más importante, se debe a su clarividencia: En un momento privilegiado, Silverio ve claro lo que en su propio caso no podía ver: la inocencia de Daniela, o, si se prefiere, la posibilidad de perdón. Hay que aceptar la «bestia sucia» que llevamos dentro y redimir su culpa con el esfuerzo cotidiano por superarse.

La actitud de Daniela era, al comienzo de su conversación, similar a la de Silverio: conciencia de una culpa horrible, imperdonable.

«Usted comprende... He cometido algo espantoso. Por mucho tiempo que pase, no podré librarme ya de ese remordimiento (...). He delatado a mi madre. ¡Y ella tiene razón! ¡Lo hize porque no la quiero!

Silverio se impresiona con esas palabras que le recuerdan su propio caso: Daniela confiesa no querer a su propia madre, igual que él ha confesado no querer a la niña a quien debía querer como a su hija. Por ello, en un primer momento, intenta paliar, enmascarar ese hecho:

SILVERIO: (*Con calma, aunque afectado en el fondo.*) Por salvarla, y la salvó.
DANIELA: (*Grita.*) ¡Porque no la quiero! (p. 87).

(Recuérdese la similitud con la escena en que Silverio, también gritando, confiesa su odio latente a la niña de Pilar.)

Y en ese momento, Silverio acierta con las palabras que abren el camino a la justificación y al perdón, no sólo para Daniela, sino para él mismo:

SILVERIO: (*Suspira.*) Por salvarla... y porque no la quiere. Bien (...). Su madre es una persona... muy incómoda. Y usted no puede mandar en sus sentimientos para con ella.
DANIELA: Es mi madre.
SILVERIO: Y por eso la mantiene y la ayuda, como la ha ayudado ahora. Pero no consigue quererla... (*Sonríe.*) Obras son amores, hija mía. La quiere mucho más de lo que supone. La quiere usted hasta el extremo de pensar en... una gran barbaridad, sólo porque se siente en deuda con ella. No se obra así con las personas que nos son indiferentes. Lo que pasa es que usted la quisiera distinta de como es. *Todos queremos ser distintos... Pero hay que buscar la manera de lograrlo, en lugar de desesperarse* (p. 88).

Desde un punto de vista psicológico, se podía pensar en una justificación de Silverio atendiendo a las presiones del subconsciente: el hombre no es responsable de sus sentimientos involuntarios. Silverio, como Daniela, odian y aman al mismo tiempo y tienen motivos y razones para ello. Son responsables de sus actos voluntarios (Daniela, de ayudar y cuidar a su madre; Silverio, de intentar salvar a la niña corriendo con ella en brazos en busca de un médico), pero no lo son de sus sentimientos involuntarios (el rechazo de Daniela a una madre que la condena a una vida absurda; el descuido de Silverio ante la hija que es fruto de una violación).

Pero esta interpretación estaría en flagrante oposición con las ideas de Buero expuestas al comienzo: «los hombres son colectivos e individuales artífices de sus venturas y desgracias».

Hay que partir de la culpa y aceptarla. Daniela es culpable de falta de amor, y su esfuerzo ·diario por atender a su madre será lo que la justifique y la redima. Y así de-

berá aceptarlo. Sin desesperanza. Daniela intentaba suici-
darse, huir del problema. Silverio la salva haciéndole aceptar a los demás y a sí misma:

«Así es la vida, y a ti hay que decirte la verdad. Tú tra-
bajarás, él ganará sus oposiciones; él y tu madre te harán
sufrir. Tendrás que conllevarlos a los dos con paciencia...
Tú serás la más fuerte en un hogar donde no faltarán estrecheces, penas... ni tampoco alegrías. Pero tú quieres a
Fidel y eso basta. Yo sé que estás dispuesta a afrontarlo
todo, ¿verdad?

DANIELA: Sí.
SILVERIO: (*Alegre, le oprime los brazos.*) ¡Ya estás viva, Daniela! La vida siempre dice sí...» (p. 88).

También Silverio parte de la realidad de su culpa. El silencio era como el suicidio de Daniela: la solución de la
cobardía; Silverio la rechaza: va a confesar su culpa (mejor
sería decir su sentimiento de culpabilidad), y para obtener
el perdón cuenta con su dedicación a Pilar, su generosidad
con los que le rodean, la bondad y la clarividencia que le
han permitido salvar una vida.

«¿Tiene algún sentido este extraño día de fiesta?» ¿Debo
entenderlo como un día de esperanza y de perdón? ¿Ha sido
quizá rescatada la vida de aquella niña con la de Daniela?»

Esas preguntas no tendrán una respuesta total, definitiva,
porque en este «tiempo oscuro»[14] en que habla Buero, el
«misterioso testigo», el «casi innombrable», no responde. A
nivel humano tenemos una respuesta. Silverio ha pasado de
la desesperanza a la esperanza y confía en el perdón.

---

[14] «Y por eso escribo de las pobres y grandes cosas del hombre;
hombre yo también de un tiempo oscuro, sujeto a las más graves, pero
esperanzadoras interrogantes. Frente a las cuales en estas líneas, como
en la obra escénica que hasta ahora ofrecí, sólo caben las aproximadas
contestaciones, las precarias respuestas que vuelven a preguntar.»
(*Ibidem*, p. 52.)

«Por quererme sólo a mí mismo, deshice mi vida. Aunque tarde he de rehacerla. He sido un malvado y después un cobarde. Ya no lo seré más» (p. 89).

Que nuestro esfuerzo personal, que nuestro deseo de verdad y de bondad nos justifique, es algo que podemos esperar, pero que nunca sabremos con certeza. Por eso la obra tiene que terminar con una nueva llamada a la esperanza: «Hay que esperar... Esperar siempre... La esperanza nunca termina... La esperanza es infinita» (p. 91).

FRANCISCO NIEVA:
PROPUESTA ESCENICA PARA
«Hoy es fiesta»

Dando de lado muchas fantasías sobre lo que sea o no sea el «genio», la mayor prueba de talento —fehaciente prueba— es la que presenta la evolución de una obra no como cambio sino como profundización. Buero propuso un teatro cuya limpieza de propósitos y limpieza técnica barrió toda una faramalla heredada de los años más difíciles del siglo XX español. Faramalla de la cual vemos excluidos solamente a Lorca y a Valle Inclán. *Hoy es fiesta,* al cabo del tiempo, nuevamente leída, corrobora con una serenidad clásica y sin detonaciones de ninguna clase la absoluta necesidad del teatro de este autor en el bien largo período que va de *Historia de una escalera* a la última de sus obras estrenadas. Ello es así para el crítico menos apasionado.

Asentada en un realismo de base, la obra de Buero recoge una tradición de realismo español de corte cervantino y moratiniano, cuando esta obra alcanza sus mayores logros en cuestión de economía y sobriedad de medios. El técnico escenográfico y el director se hallan obligados a una meditación seria y comprometida, siempre que se trate da materializar esta dramaturgia.

Desde la época de *Historia de una escalera* hasta hoy, muchos métodos de visualización escénica han cambiado y, sin embargo, esta obra requiere una fidelidad a ese primer postulado de realismo y concreción ambiental. No, por cierto, una concreción ambiental «pintoresca» a pesar de que la comedia ya sea documental porque en rigor así quiso serlo, tal como un día lo fue *El café* de Moratín o la *Fortunata* de Galdós. ¿Y por qué no *Luces de bohemia*? *Hoy es fiesta* es reflejo fiel de unos seres vivientes en un mundo históricamente delimitado, voluntariamente «acotado» por el autor. Este ha sido su «parti pris» o, como más tarde se dijo, «su compromiso». Parte importante de su originalidad consiste en haber sido un sainete grave y patético en el enclave de una casa de vecinos madrileña por la que corre un aire de cruda verdad histórica y documental. Ningún personaje es prototípico ni caricatural como lo son aquellos personajes de Arniches, tan característicos de su sainetismo local. Y es por ello por lo que su caracterización ha de llevarse con el mayor tacto.

A pesar de las pocas concomitancias que el teatro de Buero tenga con el de Brecht, sólo sería posible en nuestros días adoptar cierta fragmentariedad realista propuesta en la escena —en tanto que *regisseur*— por el autor de *Galileo*.

Es sabido que Brecht, director escénico, consiguió darnos escenográficamente, por medio del decorado fragmentario, esencializado al máximo, una impresión de realismo. Su mayor mérito es que este realismo no es sensualmente ilustrativo. Lo verdadero también tiene la posibilidad de expresarse con una cierta ampulosidad de la que Brecht pretendió casi siempre abdicar y tantas veces combatir.

A la hora actual hay dos medios —sólo dos— que legítimamente es posible aplicar a *Hoy es fiesta* en su puesta en escena. El primero, si no ampulosamente «ilustrativo», sí sugerentemente impresionista: las inflexiones varias de la luz, los rumores ambientales, etc., etc.

El segundo consiste en esa abstracción realista y fragmentaria. Una solidez de construcción con sólo unos pocos datos, pero muy percutentes, de la clase de edificio popular al que pertenece la terraza. Decorado fielmente exacto —documento arquitectónico—, elección de un sistema de iluminación que determine de una vez para siempre a lo largo del desarrollo, sin cambios efectistas, la tonalidad ambiental que siempre, a lo largo de aquellas vidas, tuvo la azotea. Esta luz «fija» sería, pues, una luz resumen. Pues es de notar la calidad de «resumen» que en el teatro brechtiano tiene su nueva forma de realismo.

Las dos técnicas tienen la posibilidad de subrayar con éxito esta comedia de Buero, sin que pensemos que la mayor novedad cronológica de la segunda sea preferible sólo por eso. Puesto que también esta última, dada también su antigüedad, no se tiene por qué imponer de modo preferente.

Sin que un hallazgo genial procure una nueva solución, no cabe duda de que las dos técnicas subrayan el sentido de la comedia y siempre parecerá lógico que el técnico teatral, si un sentido histórico y una sensabilidad literaria le ayudan, quiera en todo momento exaltar lo que la obra representa o insiste en demostrarnos. La «actualidad» y la vigencia de una obra de arte no depende en modo alguno de su readaptación más o menos forzada a la actualidad material, sino que tal actualidad está lógicamente estimulada como reflexión al concatenar ciertas coincidencias esenciales, universales, aunque la obra quede como varada en su época de creación. La cultura tiene mucho que ganar y muy poco que perder —en general, el arte— aplicando ciertos principios de un materialismo histórico, aunque se tratara de poner en escena incluso una *féerie* del siglo pasado. Y esto es aún más exigible cuando se trata de una contemporaneidad histórica que no podemos limitar a nuestra generación, ni siquiera a la de nuestros padres y abuelos. Tales límites son siempre un tanto aleatorios, pero el concepto de contemporaneidad se da en nuestro tiempo desde la aparición de todos aquellos síntomas que determinan el «mundo mo-

derno» en su germen. Cualquier director y escenógrafo suficientemente sensatos lo tienen que observar, aunque se
permitan toda clase de estilizaciones personales. Pues es
por otra parte un error pensar que la estilización se halle
reñida con el realismo. Existe una estilización realista tanto
como una estilización fantástica y la segunda de las soluciones propuestas para *Hoy es fiesta* responde, sin la menor
duda, a un grado de estilización. Sería posible lo que los
franceses llaman una *epure*: la terraza con los detalles ac-
cesorios llevados a la pura abstracción, sin que por ello —depende de la impostación realista básica— el decorado estu-
viese reñido con la comedia. Más lo estaría si cualquier detalle en el empleo de los materiales recordasen de forma
molesta la modernidad novedosa de su procedencia. Los nuevos materiales se recomiendan más por su eficacia que por
su novedad, y, si esta novedad es la que se exhibe, su función queda rebajada y aun degradada en su sentido de fun-
cionalidad. Con todo, *Hoy es fiesta*, por la significación que
tiene ya en la historia de un teatro español contemporáneo,
merece un tacto y un considerable grado de meditación para
no subvertir la propia y todavía vigente fuerza de esta paté·
tica comedia de costumbres.

«La camisa» (1962), de Lauro Olmo

DENTRO de la escena española contemporánea, Lauro Olmo representa el caso de un autor marcado por un gran éxito: *La camisa.* Esto, siendo bueno, supone también el peligro del encasillamiento, sobre todo teniendo en cuenta la rutina y la tendencia a las etiquetas que existe en nuestra vida cultural. Después, Lauro Olmo ha estrenado y publicado varias obras dramáticas y de signo bastante distinto. Sin embargo, para muchos (la mayoría, quizá) sigue siendo el autor de *La camisa* y necesitará un enorme esfuerzo, además de otros grandes éxitos, para ampliar definitivamente esta imagen pública.

Lauro Olmo es gallego, del Barco de Valdeorras. En su infancia y juventud, tal como él mismo lo cuenta [1], tiene que enfrentarse a circunstancias difíciles: un padre emigrante, problemas económicos, un asilo, la guerra... Tiene que dedicarse a varios oficios: aprendiz, chico de recados, vendedor, mecanógrafo... Pero éste no es el prólogo de la biografía de un magnate norteamericano, de final feliz. Lauro Olmo no ha pasado por la Universidad; se forma por su cuenta, leyendo mucho en el Ateneo. Publica poemas, un par de novelas. En 1953 escribe dos dramas en un acto, *El milagro* y *El perchero.*

---

[1] «Datos bio-bibliográficos», en Lauro Olmo, *La camisa. El cuerpo. El cuarto poder*, Madrid, Ed. Taurus, Col. El Mirlo Blanco, 1970, páginas 51-52. En esta introducción usamos ampliamente los datos que nos ofrece este utilísimo volumen, y a él se refieren todas las citas de la comedia.

La camisa la escribe en 1960 y obtiene el premio «Valle-Inclán». Se inician los ensayos, pero se han de suspender al no autorizarse el estreno. Finalmente, se estrena en el Teatro Goya de Madrid, por la Compañía «Dido, Pequeño Teatro», bajo la dirección de Alberto González Vergel, con decorados de Manuel Mampasso. Este fue el reparto del estreno:

Abuela	Carola Fernán Gómez
Agustinillo	Alberto Alonso
Nacho	Félix Lumbreras
Señor Paco	Tomás Carrasco
Mujer	Emilia Zambrano
Juan	Manuel Torremocha
María	María Paz Ballesteros
Tío Maravillas	Pedro Oliver
Chaval	Jorge Cuadros
Lolita	Tina Sainz
Señora Balbina	Rosa Luisa Goróstegui
Lolo	Emilio Laguna
Luis	Joaquín Dicenta
Sebas	Alberto Fernández
Ricardo	Paco Serrano
Lola	Margarita Lozano

La camisa se estrena en función única, en el Teatro Goya de Madrid, la noche del jueves 8 de marzo de 1962.

Ese día, los periódicos madrileños comentan que «Cuba cae poco a poco bajo el dominio de acreditados comunistas. Fidel Castro ya es sólo una figura decorativa...». En Roma, Juan XXIII restaura la procesión del Miércoles de Ceniza. Se agrava el problema de Argelia.

Estamos ya en la década de los sesenta. En España, Solís preside el II Congreso Sindical, al que asiste el Príncipe Juan Carlos. Se acentúa la gravedad de don Juan March, que fallecerá dos días después. El padre Félix García, desde las columnas de *ABC*, pide comprensión y ayuda para Ramón Gómez de la Serna. Hay ya Cinerama en Madrid: en el Albéniz se proyecta «Aventuras en los mares del Sur». La Orquesta Nacional toca una obra de un músico español de vanguardia, «Radial», de Luis de Pablo. Federico Sopeña comenta agudamente el tardío estreno madrileño de *El martillo sin dueño*, de Pierre Boulez. Se discute sobre la subasta del retrato ecuestre del Duque de Lerma, de Rubens, legado a una comunidad religiosa, que puede salir de España. El Real Madrid de la etapa gloriosa empata con el Inter de Milán gracias a dos genialidades de Di Stéfano y Puskas.

En la cartelera teatral madrileña encontramos obras de auténtica categoría: *La loca de Chaillot,* de Giraudoux, en la gran dirección de José Luis Alonso, en el María Guerrero. En el Español, *Becket o el honor de Dios* de Anouilh da lugar al enfrentamiento de dos primeras figuras de nuestro cine, Francisco Rabal y Fernando Rey. Sobre todo, se ha iniciado ya la recuperación de Valle-Inclán como autor dramático: concluye ahora sus representaciones (más de doscientas) *Divinas palabras* en el Bellas Artes, bajo la dirección de Tamayo, con Manuel Dicenta y Nati Mistral. Es, según la propaganda, «la obra que ha actualizado a uno de los más grandes autores españoles».

Pero estamos ya en una nueva época del teatro español, dominada por un autor comercial. Nada menos que cuatro obras tiene en cartel Alfonso Paso: *Cómo casarse en siete días,* en el Infanta Isabel, por Carmen Carbonell y —dentro del reparto todavía— Julia Gutiérrez Caba. *Vamos a contar mentiras* en el Beatriz, que alcanza ahora su séptimo mes. *Rebelde,* por Vicente Parra, en la Comedia. Y el gran éxito comercial de *Los derechos de la mujer,* trivialización de un tema serio, por Conchita Velasco, en el Teatro Club.

Más tímidamente asoman otros nuevos autores españoles, como Rodríguez Buded con *El charlatán,* en el Goya, que ocupa esa noche Lauro Olmo. Se ha revelado Alonso Millán con *La señora que no dijo sí,* en el Recoletos, por Guillermo Marín y Mary Carmen Prendes: «la consagración de un autor novel», según las gacetillas. Y se va a inaugurar el teatro de la Torre de Madrid (luego Valle-Inclán) con *La historia de los tarantos* de Alfredo Mañas, por la compañía que encabezan Mary Carrillo y Antonio Prieto, que alcanzará buen éxito y será llevada al cine.

Obtiene éxito comercial *El abogado del diablo*, de Morris West, en el Lara, por Andrés Mejuto; según la propaganda, se trata de «la verdad triunfando sobre las más humanas pasiones». Triunfa Analía Gadé con *La idiota*, de Marcel Achard, que lleva doscientas representaciones en el Reina Victoria. No es novedad el éxito cómico de Paco Martínez Soria, esta vez con *Ochenta primaveras*, en el Cómico.

El folklore está representado por Lolita Sevilla, con *Andalucía en Rock*, en el Calderón. En la revista, sigue triunfando Muñoz Román, ahora con *El conde de Manzanares*, en el Martín, con Angel de Andrés y Lina Morgan. Colsada presenta *Se necesita un marido*, en el Fuencarral, con Cassen, al que Luis G. Berlanga va a descubrir otras posibilidades dramáticas. «Los chicos», Zori, Santos y Codeso, con Queta Claver, presentan en La Latina *Tres eran tres... los novios de Elena*. Y sigue como gran estrella Celia Gámez, ahora con *Colomba*, en el Alcázar.

Fue grande el éxito de público y la crítica respondió «casi unánimemente» ante *La camisa*. Para su director, Alberto González Vergel, que ha alcanzado muchos y merecidos éxitos, fue «la más entrañable y positiva experiencia de mi ya larga vida de director»[2] Lauro Olmo evoca así la noche del estreno: «Días antes del estreno no quedaba una entrada. Existía una gran expectación. Los que se quedaban en la calle no se resignaron y forzaron la entrada. Con espectadores de pie en los pasillos y otros sentados en las escaleras de acomodación, se inició la velada. Tanto yo como los de mi casa estábamos nerviosos. Sabíamos que el ambiente era un poco apasionado, peligroso. Que aquello podía desbarrar. Pero la humanidad del tema y su indudable honradez expositiva fueron abriéndose paso. La crudeza del léxico, limitada a lo preciso y sostenida por la realidad que se iba crean-

---

[2] Alberto González Vergel, «Desde *La camisa*», *ibidem*, p. 89.

do en el escenario, fue aceptada y la noche transcurrió emocionada y emocionante. Dentro de mi pequeña aventura individual, constituye una noche inolvidable»[3].

Un crítico exigente confirma: «La interpretación fue —permítaseme este adjetivo por una sola vez— sensacional, como sensacional fue el resultado obtenido por González Vergel como director no ya de una comedia, sino de un verdadero mundo suburbial, bullicioso y trágico, divertido y sobrecogedor. Las ovaciones estallaron una y otra vez con entusiasmo, y el autor, con el director y los intérpretes, las recogieron mientras el telón se alzaba repetidamente»[4].

El estreno había sido en función única. Su éxito determinó que volviera a un teatro madrileño, el Maravillas, ya en plan comercial, ese verano. Lauro Olmo tenía entonces cuarenta años y quedaba ya definido como el autor de *La camisa*. La obra obtuvo muchos premios (Nacional de Teatro, Alvarez Quintero, Larra...), se tradujo a varios idiomas y fue representada en diversos países, frecuentemente por agrupaciones de aficionados y ante un público de emigrantes españoles.

En el prólogo a su obra, con toda sencillez, Lauro Olmo nos relata el punto de partida histórico, real, de su trabajo: la visita de un matrimonio obrero que se iba a trabajar a Alemania. El tema ya estaba planteado, de la mano de Lola, la mujer trabajadora. Luego surgirían —también de carne y hueso—, la camisa, la forma popular...

La crítica respondió «casi unánimemente»[5]. Adolfo Prego, en *Informaciones*, comenzaba proclamando: «Hace ya mucho tiempo que no salía a un escenario español un cuadro tan vivo de los humildes», para matizar luego: «Y, por otra parte, el autor retoca —muy levemente, pero con suficiente vigor— el drama social para que sea algo más que eso, para que sea, en suma, una obra de arte».

[3] Lauro Olmo, «Prólogo a *La camisa*», ibidem, pp. 116-117.
[4] Adolfo Prego en *Informaciones*, 9 de marzo de 1962.
[5] *Obra citada*, p. 117.

Francisco García Pavón añadió un apéndice a su libro *Teatro social en España* [6] para ocuparse de la obra y subrayar sus aportaciones al género que estudia.

Bajo el título «Una lección de ética social», Pedro Laín Entralgo le dedica una memorable crítica [7]. Aparte de lo que sugiere el título, quizás la aportación más interesante de Laín es la que aclara y confirma el distinto papel representado, en la comedia, por marido y mujer. Frente a lo que pudiera parecer a primera vista, lo que muestra la obra no es el mundo al revés. Aunque sea la mujer la que se va a Alemania, la gran aventura es la del marido: «La aventura de lograr un orden social que permita (...) la empresa de vivir con plena dignidad humana».

Francisco Ruiz Ramón señala su «más absoluto e implacable realismo: ni en el lenguaje, ni en los caracteres de los personajes, ni en las situaciones dramáticas ni en la configuración del ambiente se permite la mínima desviación ni la menor generalización ni la más pequeña atenuación» [8].

José Monleón, por último, la incluye en «esa corta lista de títulos que, desde que acabó la última guerra civil española, han logrado, con cierta consistencia escénica, la expresión de conflictos generales de nuestra sociedad» [9].

Toda la crítica, en general, ha insistido en dos puntos: la continuación de la línea realista y popular del sainete, y la conexión con la literatura social que, aproximadamente por los mismos años, se manifiesta también en la novela y la poesía españolas. En los tres géneros, se trata de una literatura que coloca la dimensión ética por encima de la puramente estética, y que intenta contribuir de manera directa a la transformación social y hasta política de la vida española.

[6] Madrid, Ed. Taurus, 1962.
[7] En *Gaceta Ilustrada*, Madrid, núm. 302, 21 de julio de 1962.
[8] Francisco Ruiz Ramón, *Historia del teatro español: II: Siglo XX*, Madrid, Alianza Editorial, Col. El Libro de Bolsillo, 1971, p. 474.
[9] José Monleón, «Lauro Olmo o la denuncia cordial», *obra citada* en nota 1, p. 10.

La camisa plantea también una serie de problemas teóricos que no vamos a desarrollar aquí pero que parece inexcusable mencionar brevemente. Ante todo, la obra se subtitula «drama *popular* en tres actos». Pero, ¿es posible que sea verdaderamente popular un texto destinado a representaciones comerciales, dentro de una determinadas estructuras y ante el público predominantemente burgués que asiste a nuestros teatros? En estas circunstancias, ¿qué puede querer decir ese adjetivo: *popular?*

Una declaración de Lauro Olmo nos puede servir para centrar un poco el tema: «creo que he cumplido si se acepta *La camisa* como un honrado intento más de poner en marcha un teatro escrito cara al pueblo» [10]. Monleón se aventura más: «Yo creo que en *La camisa* quería, un tanto quiméricamente, hacer un teatro "del pueblo y para el pueblo".» Pero luego admite que «Lauro Olmo es el menos burgués de nuestros autores, el que puede aventurar con menos violencia una poética de las clases populares» [11].

Para su autor, en concreto, se trata de un tema popular. Y el tema determinaba necesariamente la forma de tratarlo: «¿Y qué otro modo para expresar todo esto podía aventajar al que viene del paso, del entremés, del sainete? Un problema del pueblo había que darlo de forma popular, sin concesiones.» [12] Y todo ello, con vistas a un posible público popular, por difícil que pareciera esto, en principio.

De hecho, *La camisa* logró abrirse camino hasta este nuevo público. Su autor nos lo cuenta, con lógica satisfacción: «Desde luego, las representaciones más emocionantes de mi obra fueron aquellas en que la mayor parte del público estaba compuesto por trabajadores. Y donde la compenetración llegó al máximo, fue en el extranjero. Invitado por las agrupaciones teatrales de los trabajadores en Suiza, Holanda, sur de Francia (...) pude comprobar, en las noches en que los trabajadores mismos interpretaban la obra, que

[10] *Ibidem,* p. 117.
[11] *Ibidem,* pp. 17-18.
[12] «Prólogo» a *La camisa,* ed. citada, p. 116.

el poder comunicativo de la misma era enorme. Naturalmente, no dejo de tener en cuenta que la distancia, el encontrarse en el extranjero, aumentaba el efecto, la emoción, la "morriña", que decimos los gallegos. Como anécdota emotiva, puedo contar que en el estreno de Ginebra la emoción alcanzó tal grado que los trabajadores que interpretaban *La camisa*, según iban interpretando sus papeles, se abrazaban llorando entre bastidores. Pero el hecho más significativo, por lo que de dolor había en él, ocurrió en Holanda. Cuando Lola coge la maleta y se dispone a marchar rumbo al extranjero, uno de los trabajadores que estaba viendo la obra —hombre de edad— se levantó de su asiento y con una voz en la que se traslucía una gran emoción, exclamó, dirigiéndose a la protagonista: "¡Lola, no te vayas!.»[13]

Esto no es sólo, desde luego, una anécdota sentimental. De alguna manera, *La camisa* rompía, así, los límites habituales del teatro comercial español, y señalaba un camino —un nuevo público— al que se han dirigido después varias compañías de signo más o menos progresista. Frente a este hecho, poca importancia tienen los debates puramente teóricos sobre el alcance del «popularismo» de la obra.

La camisa plantea también —como casi toda la literatura social de los años cincuenta y sesenta— el problema de una creación literaria que posee una fuerte base documental pero que no quiere quedarse en puro documento o reportaje periodístico. (Recuérdense, por ejemplo, las discusiones sobre si Rafael Sánchez Ferlosio se reducía a ser un puro magnetófono de trivialidades en *El Jarama*, sin percibir el valor poético y hasta mítico de la obra[14]. La cuestión se sitúa, sobre todo, a nivel de lenguaje. Parece claro que éste es uno de los méritos más evidentes de Lauro Olmo como dramaturgo popular: su dominio del lenguaje. Por eso mismo, se ha señalado muchas veces que este autor se inventa un lenguaje, sobre base popular, que da impresión de au-

---

[13] «Algunas puntualizaciones sobre *La camisa», obra citada*, pp. 77-78.
[14] Véase Darío Villanueva, «*El Jarama» de Sánchez Ferlosio. Su estructura y significado*, Universidad de Santiago de Compostela, 1973.

tenticidad y podría, incluso, llegar a ser aceptado por el pueblo. Lo mismo sucedía con Arniches, según ha demostrado impecablemente Manuel Seco[15]. Y el propio Lauro Olmo ha insistido reiteradamente en que lo suyo no es la copia del lenguaje popular, sino la síntesis artística.

¿Qué defectos ha señalado más frecuentemente la crítica en *La camisa*? El lirismo, cierto engolamiento ocasional, el carácter escasamente significativo del episodio que da título a la obra... Como reproche más general, la desproporción que existe entre sus ideas renovadoras y los cánones estéticos del teatro conservador que adopta[16]. Como punto concreto, la figura del tío Maravillas: censurada por Laín como melodramática, defendida por el propio autor y ensalzada, en su simbolismo, por Julio Rodríguez Puértolas[17].

No hay que olvidar que, después de *La camisa*, Lauro Olmo escribió otras obras en una línea más o menos semejante *(La pechuga de la sardina, El cuerpo, English Spoken)*, pero también se ha abierto a nuevas perspectivas estéticas. Por ejemplo, con la serie de obras breves reunidas bajo el título común *El cuarto poder*. Desgraciadamente, éste y algún otro de sus ensayos recientes no han llegado a representarse ante el público español. Nos encontramos aquí ante un problema muy común, por desgracia, en nuestro teatro reciente, sobre todo entre los dramaturgos que han seguido una línea realista y crítica (Rodríguez Méndez, Muñiz, Martín Recuerda...), pero también existe entre los de distinta estética (Nieva, Ruibal...). En el caso de Lauro Olmo, no cabe duda de que estas dificultades para estrenar han perjudicado la evolución de su obra dramática, privando a algunas de sus obras, en su momento, de la respuesta pública y crítica que lógicamente hubieran debido obtener.

---

[15] Manuel Seco, *Arniches y el habla de Madrid*, Madrid, Ed. Alfaguara, Col. Estudios de Literatura Contemporánea, 1970.

[16] José Monleón, *estudio citado*, p. 41.

[17] Julio Rodríguez-Puértolas, «Tres aspectos de una misma realidad en el teatro español contemporáneo. Buero, Sastre, Olmo», en *Hispanófila*, XI, 1967, núm. 1, pp. 54-55.

Cuando corregimos pruebas de este libro —marzo de 1977— se acaba de estrenar, al fin, en Madrid *La condecoración*, comedia que sigue dignamente la línea realista y crítica de *La camisa*.

Leyendo las declaraciones principales de Lauro Olmo nos encontramos con algunas afirmaciones que parece conveniente recordar aquí. Ante todo, su deseo de ampliar la clase de personajes que suben a un escenario español, de acuerdo con la variedad real de nuestra sociedad. En unas Conversaciones Nacionales sobre Teatro de Córdoba (1965) afirmó tajantemente que «en el censo de personajes del actual teatro español —o sea, del que se representa— faltan muchas personas» [18]. Señala Olmo sus diferencias respecto del sainete tradicional; entre otras cosas, porque se considera más auténticamente popular que Arniches. Escribe gráficamente: «Quizá la diferencia entre don Carlos y yo es que él ha sido un observador de lo que yo he vivido. El iba a la calle. Yo estaba en la calle» [19]. Propugna un teatro de esa línea tragicómica «enraizada en las calles de nuestro país», escrito para inquietar al espectador.

En cuanto a *La camisa*, en concreto, la califica de drama popular, colectivo, nacional, «drama que aquejaba a un cuantioso número de familias de la clase trabajadora». Le importaba mucho crear un ambiente: «En el realismo en profundidad existe algo que, a veces, tiene más poder que los personajes mismos. Y este algo es el ambiente. Y todo autor-creador sabe que cuando el ambiente posee estas características, su voz domina a la de los personajes. Es más, éstos hablan por boca de aquél.» Queriendo profundizar en el dolor humano, no le importa recurrir a recursos sentimentales, hacer uso de «todos los resortes de la emotividad». Pero el estilo de la obra no es esperpéntico ni grotesco; no deforma, no exagera, no caricaturiza porque no hacía falta: «porque todo, ya de por sí, resaltaba como una estremece-

[18] Lauro Olmo, «Sobre un punto esencial», *obra citada*, p. 64.
[19] Lauro Olmo, «Carta a Pepe Monleón», *ibidem*, p. 44.

dora denuncia. Profundizar, esa era la clave; y el camino, la sinceridad»[20].

Con gran sencillez, Lauro Olmo admite los defectos de sus obras, su «lucha por la expresión»: «¡Qué pena que no nos dejen estrenar con la regularidad que exige todo crecimiento!»[21] Repitamos una frase citada ya antes, con la que concluye el prólogo a la comedia: «Creo que he cumplido si se acepta *La camisa* como un honrado intento más de poner en marcha un teatro escrito cara al pueblo.» Por esas líneas quiere el autor que penetremos en la lectura de su obra. Ahí tenemos, una vez más, los valores humanos (y literarios) de Lauro Olmo: la sencillez y la autenticidad con las que, al margen de modas, expresa en su obra el dolor «producido por las estructuras sociales y mentales que nos rigen (...) y que, por tanto, hay que combatir y desterrar»[22]. Eso, unido al talante literario, es lo que da a *La camisa* su valor histórico y permanente.

CONSTRUCCION DRAMATICA.—Lo mismo que sucedía en *Hoy es fiesta*, encontramos en *La camisa* un escenario múltiple en el que pueden señalarse cuatro planos: la chabola, la calle, la taberna y la casa de vecindad a cuyos balcones y corredores se asoman algunos vecinos.

El escenario múltiple permite muchos efectos dramáticos interesantes que aquí están explotados con maestría, y que desmienten la aparente sencillez de la obra. Citaremos, en primer lugar, por ser lo más llamativo, la posibilidad de escenas simultáneas que tienen lugar en distintos puntos del escenario. Al estudiar la secuencia dramática tendremos ocasión de verlo con detenimiento, pero citemos ahora como ejemplo quizá el más logrado, la escena que tiene lugar casi al final del acto tercero. En la chabola están Juan y Lola; ella hace la maleta e intenta, evocando el pasado, hacer salir a su marido de su hosco silencio. Mientras, por la calle, pasan

---

[20] Lauro Olmo, «Algunas puntualizaciones sobre *La camisa*», ed. citada, pp. 75-81.
[21] *Obra citada*, p. 45.
[22] Lauro Olmo, «Opiniones al vuelo», *ibidem*, p. 67.

abrazándose y sonrientes Nacho y Lolita. El paralelismo entre las dos parejas toma así forma plástica. Nacho y Lolita son lo que fueron en el pasado Juan y Lola. El artificio escénico permite ver al mismo tiempo el pasado y el presente de una ilusión.

Es realmente frecuente ese efecto de «ilustración» en las escenas simultáneas. Uno de los escenarios da forma plástica a algo que en el otro es una evocación o una idea abstracta. En el acto II encontramos otro ejemplo. En realidad, no se puede hablar de escenas «simultáneas» en estricto sentido porque, salvo en contadas ocasiones, los personajes no actúan y hablan al mismo tiempo en los dos o tres lugares del escenario. Pero son simultáneas en el sentido de que están al mismo tiempo en escena personajes que protagonizan acciones diferentes. En el ejemplo que ahora nos ocupa, Lola y su hija hablan en la chabola. La madre está planchando y cuenta a la niña lo que ha sido su vida, los fracasos repetidos. Por la calle aparecen Lolo y Luis que vienen comentando sus aciertos con las quinielas, sus esperanzas de obtener un boleto de catorce resultados. Cuando desaparecen, Lola vuelve a hablar. Sus palabras parecen ser un comentario a la conversación de los otros dos: «Nos han fallao demasiadas cosas» (p. 142). Lola no ha hablado de ello, pero entendemos que también les han fallado esas ilusiones «nacionales» de la quiniela o la lotería.

Las escenas simultáneas no parecen tener otras veces más función que la de conseguir un clima de realidad: igual que en la vida se superponen y coinciden gestos y palabras, también en el escenario se da esta coincidencia. Citemos como ejemplo una escena del acto I:

BALBINA: Buena está la mañana, ¿eh, señor Paco?
ABUELA: Espera, nena.
SEÑOR PACO: De turista caro, Balbina.
ABUELA: Te has olvidao del orinal. Sácalo, anda.
BALBINA: ¡Caro y con machacantes USA! (*Lolita saca el orinal de debajo de la cama y con él sale al solar. En un rincón lo vuelca.*) Lolita, ¿está tu madre ahí? (p. 125).

Del director de escena depende que las palabras coincidan más o menos, pero el efecto buscado es el de naturalidad: crear un ambiente determinado.

El escenario múltiple permite una gran movilidad, un dinamismo mucho mayor que el escenario único. Los personajes entran y salen continuamente. Hay muy pocos diálogos largos y es muy frecuente que una conversación entre dos personajes se interrumpa por la acción que tiene lugar en otro punto del escenario. Hemos citado ya el ejemplo del diálogo de Lola y su hija, interrumpido por la conversación en la calle de Lolo y Luis. Algunos son más difíciles de resolver y plantean problemas al director de escena. Por ejemplo los dos diálogos, uno en el acto I (pp. 123 y ss.) y otro en el III (pp. 164 y ss.) entre Juan y la abuela. En ambos, los dos tienen que permanecer largos ratos en silencio mientras tienen lugar otras acciones y diálogos en la calle o la taberna. En el acto I, el diálogo y la acción de la abuela y Juan coincide con los diálogos sucesivos, en la calle, del señor Paco con el tío Maravillas, Lolita, Balbina y de nuevo Lolita. En algunos momentos, las acciones son simultáneas:

(*En la chabola, la abuela ha sacado de la cómoda un cuello duro y trata de colocárselo a Juan.*)

ABUELA: Irás con aspecto de señor y te harán más caso.
TIO MARAVILLAS: (*Despidiéndose.*) Hasta más ver, señor Paco.
ABUELA: Enderézate un poco.
TIO MARAVILLAS: (*Iniciando la salida.*) ¡Globitos!
ABUELA: Yo creo una cosa: que en este país, cuando todos llevamos cuello duro...
TIO MARAVILLAS: ¡Globitos de colores! (*Saliendo.*) ¡Compren globitos! (p. 125).

Pero a lo largo de la escena faltan indicaciones de los movimientos de la abuela y Juan mientras actúan los otros personajes. Lo mismo sucede en el acto III, donde la conversación entre los dos es interrumpida por los diálogos entre Nacho, Agustinillo y Lolita.

Hemos visto que los efectos conseguidos por las escenas simultáneas son distintos: resaltar el paralelismo de dos acciones (saltando por encima del tiempo), ilustrar plásticamente un diálogo, conseguir un efecto de autenticidad, de vida real... Pero quizá el efecto más frecuentemente buscado y conseguido sea el de contraste, como podemos ver en los dos últimos ejemplos citados, sobre todo en el del acto III: la alegría y el desenfado del diálogo de los niños contrasta con la amargura y la tristeza de los personajes de la chabola.

El efecto de contraste es uno de los más repetidos a lo largo de la obra, no sólo entre escenas simultáneas, sino entre escenas sucesivas. Los contrastes se dan, sobre todo, y no casualmente, en los finales de acto. Así, el final del acto II, con la niña en silencio, limpiando los zapatos de su padre, con una música «melancólica» y los globos que caen «lentos» sobre el escenario, forma evidente contraste con las dos escenas inmediatamente anteriores, muy movidas y tumultuosas: la de los vivas a España del tío Maravillas y la de las bombas-petardos que siembran el pánico entre los vecinos. Y si aquí pasamos del ruido y el movimiento a la calma y el silencio, al final del acto III, la secuencia será la inversa, y los gritos de un personaje vienen a romper violentamente el silencio de una escena muda.

Además de producirse el contraste entre escenas simultáneas o sucesivas, encontramos también este efecto dramático en el desarrollo de una escena. Los contrastes más sencillos son aquellos que surgen del enfrentamiento de personajes con posturas distintas ante los problemas: Juan y Lola, Juan y los amigos, los niños (siempre alegres y esperanzados) con los mayores... que se prodigan a lo largo de la obra. Pero, además, la utilización de voces en «off» produce efectos que, a veces, son de intensificación, pero otras veces son de contraste. El ejemplo más bonito de esto tiene lugar en el acto II, en el momento de la cena en la chabola. Tienen sólo doce sardinas; los hombres tocan a tres, la abuela dice que no tiene hambre y que pueden repartirse sus dos sardinas, y en ese momento se oye en el diario hablado

de Radio Nacional la siguiente noticia: «Indice informativo:
la O. E. C. E. califica de espectacular la recuperación de re-
servas de oro y divisas en España.» Siguen después otras
noticias que se refieren a la política internacional. Nadie
hace comentarios pero el contraste entre la realidad cotidiana y la versión oficial habla por sí solo.

Hemos hablado de los diálogos más o menos coincidentes
para lograr un efecto de naturalidad. Otro procedimiento
es el de las frases interrumpidas: un personaje está contando algo y no llega a terminar la historia por la interfe-
rencia de otra acción. Un ejemplo muy claro se da en el
acto I, en la conversación de Juan con sus amigos. Intenta
explicarles las razones de su decisión de quedarse y va a
poner un ejemplo: «... ¡iré a ver al patrón y le diré que se
invente un tajo pa mí, que aguante el chaparrón conmigo,
que no quiero!, ¡que yo no quiero irme! (Pausa.) ¿Os acor-
dáis de mi primo Antonio?» (p. 132). En ese momento comienzan a oírse las voces de Ricardo y María discutiendo.
Juan y sus amigos hacen comentarios a lo que oyen, y como
sucede en la vida real, se queda el cabo suelto de esa historia del primo Antonio que ya no se contará.

Varias veces, para referirnos a los elementos de la construcción dramática, hemos hablado de «efectos de». Tenemos
que referirnos ahora al «efectismo» como uno de los rasgos
característicos de la construcción dramática de *La camisa*.

En esta obra concreta entendemos la palabra «efectismo»
como potenciación de los elementos emocionales. Los efectos, que son de distintas clases, tienden siempre a cargar
de emoción la escena. Los testimonios, las anécdotas que
muestran la emoción despertada por esta obra entre públi-
cos muy distintos, son numerosos y nos hemos referido ya
a ellos. Veamos ahora algunos de los medios usados por el
autor para conseguirlo. El silencio es uno de los elementos
utilizados en estas escenas «de emoción». En el silencio, los
gestos de un personaje cobran una mayor importancia, quedan resaltados. A esto contribuye también el «tempo» lento,
que suele coincidir con el silencio. Las acciones cobran, así,
una gran trascendencia. De este tipo es la escena que pudié-

ramos llamar «del calcetín»: aquélla en que la abuela se
desprende del dinero que guarda para su entierro, para que
su hija pueda irse a Alemania. Más que una escena es un
cuadro breve, pero que ha tenido una larga preparación.
Desde el comienzo se nos habla del calcetín de la abuela,
sabemos que allá guarda el dinero para su entierro, que lo
lleva siempre consigo, sujeto con imperdibles, que es amarillo. Más de una vez se alude a ese calcetín a lo largo de los
dos primeros actos. Por eso se asiste con emoción al lento
y silencioso despojarse de la única riqueza que posee la vieja.
La escasa cuantía del capital contribuye a aumentar la emoción de ese donativo, tan parco en palabras. La voz en «off»
de Ricardo, borracho, cantando una canción alusiva a la
emigración, es un elemento de refuerzo, de identificación:

ABUELA: (*Se desabrocha la pechera. Luego se saca el calcetín
amarillo. Todo calmosamente. Vuelca el contenido del
calcetín sobre la mesa. Lola, en silencio, la contempla.
Igual Lolita. Durante un instante las tres miran el mon-
toncito de billetes y alguna moneda. Al fin, la abuela exclama*): ¡Mil trescientas catorce con una moneda de dos
reales!
LOLA: (*Muy emocionada.*) Gracias, madre. Gracias, mamá.
(*Dentro de la tasca se oye la voz de Ricardo.*)
VOZ DE RICARDO: (*Borracho.*)

> *Que del fraile me voy a la fraulien,*
> *que a Alemania, muchachos, me voy,*
> *y en el barrio me dejo to el hambre,*
> *la gazuza que pasando estoy* (p. 145).

Tiempo lento y silencio coinciden también en el comienzo
de la escena final: Lola, sola en la chabola, se despide de
las cosas que le han rodeado durante tantos años. Se vuelve
a oír la música «melancólica» del acto II, mientras la mujer
va recorriendo con los ojos, acariciando también con sus
manos, algunos objetos. Aunque aquí no haya acotación
escénica que lo indique, la escena, por fuerza, ha de ser lenta.

Al silencio y a la lentitud, como efectos emotivos, viene a unirse el contraste, al producirse bruscamente la ruptura de la situación creada. En la escena anteriormente comentada, la voz en «off» intensificaba la emoción en un sentido auditivo, era un refuerzo más en el mismo sentido. Aquí por el contrario, el efecto es de ruptura, de sorpresa. El espectador se ve sacudido por dos emociones de signo distinto. Los gestos de Lola, sus palabras («de todos modos, ¡gracias!»), nos hacen sentir la tristeza de las despedidas, el valor de lo conocido y propio, ante lo desconocido y ajeno. Y los gritos de María («¡Sácame de aquí! ¡Sácame de aquí!») nos devuelven bruscamente a la miseria y el dolor de un lugar inhabitable.

Finalmente, citemos como un elemento más empleado por el autor en las escenas emotivas, el efecto de sorpresa. Este efecto es el más importante, a nuestro juicio, en la escena de los vivas a España del tío Maravillas, a la que quizá sería mejor llamar la escena «del satélite». Salen todos los vecinos a los balcones o a la calle para ver cruzar el satélite americano. Animados por el tío Maravillas, empiezan a dar vivas, para acabar vitoreando al propio Maravillas. La escena tiene un aire festivo, guasón. Los vecinos le gritan a Maravillas: «¡Viva el tío Maravillas, el incorrupto!». «¡Que no palme!» De pronto, éste pide silencio y comienza a dar vivas a España, llorando:

TIO MARAVILLAS: (*Muy serio, muy emocionado, con voz muy cálida.*) ¡Señores! ¡Por favor, señores! (*De pronto, exclama*): ¡Viva España! (*Se hace un silencio absoluto.*) ¡Viva España! (*Cae de rodillas y, golpeando el suelo con los puños, vuelve a exclamar entre sollozos*): ¡Viva España! (*Hay un instante en que sólo se escucha el jadeo del tío Maravillas*) (p. 154).

Se puede pensar que la emoción provocada por esa escena deriva directamente del contenido, del tema. Dar vivas a la patria, como mentarle a uno la madre, provoca siempre una reacción emocional. Partimos, pues, de que el tema no

es neutro sino que tiene ya por sí mismo una carga emotiva.
Pero esa emoción es potenciada por la construcción dramática y la sorpresa juega un papel muy importante. En medio
de una escena de juerga, la súbita seriedad de Maravillas,
sus sollozos, pillan al espectador totalmente desprevenido.
Se produce una doble ruptura de sistema. No sólo se ha producido un brusco cambio de lo alegre y burlesco a lo serio
y triste, sino que, además, las mismas palabras del personaje
contrastan con su actitud. Esperamos siempre oír vítores
en actitud más o menos triunfalista, pero esa forma desesperada, rabiosa, de gritar «¡Viva España!» resulta también
inesperada. Finalmente, el silencio que envuelve, por decirlo
así, esos gritos, potencia, como en otras ocasiones, la emoción de la escena.

¿Hasta qué punto se podría hablar de un exceso en esa
potenciación de lo emotivo en algunas escenas? ¿Cae *La camisa* en lo melodramático? Es difícil decirlo, porque es una
cuestión de apreciación y no hay límites fijos. Pero sí podemos decir que el melodrama es uno de los peligros de la
obra e, incluso, pudiéramos decir, del autor. Hay que precisar, sin embargo, que en *La camisa* se ve claro que el autor
quiere «cortar» esa corriente de emoción; en cierta manera,
desinflar el globo. Así, tras los gritos del tío Maravillas, los
comentarios de los vecinos devuelven rápidamente la frialdad a la escena: se trata sólo, en definitiva, de la borrachera
de un pobre hombre:

SEBAS: Echame una mano, Lolo.
LOLO: (*Ayudando a Sebas a levantar al tío Maravillas, le
dice a éste*): Ande, vámonos a casa. (*Desaparecen por el
fondo derecha.*)
LUIS: ¡Pobre hombre!
SEÑOR PACO: De campeonato ha sido la de hoy.
ABUELA: Y siempre el mismo final: ¡pal arrastre!
BALBINA: ¡Qué pena de hombres!... (p. 154).

Otro ejemplo podemos verlo al final del acto III. Hay un
momento en que parece que la obra va a despeñarse ya por

el camino de la emoción desatada. Juan y Lola, junto a la maleta cerrada, se miran, ella le acaricia un brazo (antes le hemos visto salir de la cama) y en ese momento la abuela aparece y con voz emocionada dice: «¡Benditos seáis, hijos!» Las palabras de Juan establecen, una vez más, el equilibrio, manteniendo un tono de contención: «Abuela, vaya a por los chicos. Nosotros caminamos hacia el Metro» (p. 173).

La obra está dividida en tres actos pero no responde su estructura al esquema clásico de planteamiento, nudo, desenlace, aunque el desarrollo del primer acto lo hiciera pensar así. En efecto, el acto primero es el de presentación de personajes y planteamiento del tema fundamental de la obra: ¿se debe emigrar o aguantar en España? Aparecen primero los chicos jóvenes y la abuela, después Juan y la abuela que plantean, por primera vez, el problema y marcan las posisiones de los personajes (Juan quiere quedarse y su familia es partidaria de la emigración); simultáneamente, en la calle, siguen apareciendo u oyéndose las voces de nuevos personajes: María, el señor Paco, Balbina... Con la escena entre los amigos y Juan se insiste, de nuevo, en el tema-debate de la emigración, viéndose más claramente la postura de Juan. La aparición de Lola cierra este acto que puede considerarse de presentación de personajes y planteamiento de problemas.

Los otros dos actos se escapan ya del esquema clásico. No se puede hablar de nudo y menos aún de desenlace: no existe un punto crucial en el acto segundo del cual se derive o dependa la acción del tercero. Se podría pensar que cumple esta función el ultimátum planteado por Lola a Juan a mitad del acto II:

LOLA: Pues escucha: mañana te plantas la camisa y te vas a ver al patrón. Y si el patrón falla...

JUAN: Si el patrón falla, ¿qué?

LOLA: Seguiré lavando, fregando, haciendo lo que sea, pero aquí, ¡no!

JUAN: (*Extraño y seguro.*) ¡El patrón no fallará! (p. 150).

Si esto fuera el nudo, la obra, estructuralmente, estaría muy mal construida. Ese ultimátum es falso. La decisión de Lola es anterior a él; sabe, incluso, cuál va a ser su trabajo (criada en casa de un español que lleva años casado en Alemania...) (p. 143) y el momento decisivo es cuando acepta el dinero que la abuela guardaba para su entierro. Están presentes las tres mujeres de la familia y sólo el padre permanece ignorante de esa decisión.

Si quisiéramos trasladar el nudo a esa escena anterior, tampoco resolveríamos nada, porque el ultimátum y la espectativa que de él se deriva viene a desvirtuarlo. La estructura de la obra hay que buscarla por otro camino.

La estructura hay que analizarla partiendo de las relaciones que se establecen entre los personajes y del aumento creciente de tensión en estas relaciones. Distinguimos cuatro tipos de relación distintos: Juan, Lola (y los niños), Lolilla y Nacho; Ricardo y María; el grupo de amigos (Juan, Sebas, Luis y Lolo). La relación entre los grupos, y entre los personajes que los constituyen, no es estática sino que se mueve en un doble sentido: aumento creciente de la tensión, y tendencia a la disgregación. En efecto, en el primer grupo, Juan y su familia, asistimos al progresivo deterioro de sus relaciones: su mujer primero, la abuela, los mismos niños después, se ponen en contra de él y actúan a sus espaldas; a él, por su parte, le fallan sus intentos de encontrar trabajo; la relación entre los esposos es cada vez más difícil y culmina en la separación. En la pareja joven asistimos a un proceso semejante: de la despreocupación de las primeras escenas a la creciente tensión. Nacho se entera del intento del señor Paco y llega a proferir amenazas de muerte, comienzan a hacer planes «serios» para el futuro, hay una aceptación implícita por parte de Lola de este noviazgo cuando se despide de ella («Gracias, hijo», le dice) (p. 170). La escena simultánea en que se ve a Lola y Juan en la chabola y a la pareja joven paseando enamorados por la calle, tiene un doble sentido y es, en definitiva, un símbolo del deterioro de las relaciones humanas; deterioro provocado por el medio, desde luego, pero deterioro, al fin. Las relaciones de la tercera pareja, Ricardo y María, sufren el doble proceso de creciente tensión y deterioro: riñas, peleas, aborto como consecuencia de una paliza («Ella estaba muy ilusioná», dice la señora Balbina) para culminar en los gritos desgarradores, clamando por abandonar ese ambiente.

Finalmente, los amigos se disgregan también: Lolo, con el dinero de su quiniela abandona ese mundo de hambre, y Sebas, por el camino de la emigración, lo abandona también. Otras relaciones que se dan en la obra, como son las de la familia de Juan y el tabernero, sufren el mismo proceso de tensión creciente que las que hemos visto, hasta culminar en el enfrentamiento físico (p. 164).

En la obra no hay desenlace, ni distensión. El movimiento de tensión dramática es creciente del primer al tercer acto y termina en el punto máximo (clímax) en dos de las cuatro relaciones que hemos examinado: la marcha de Lola (con toda su carga de incógnita) y el imposible intento de huida de María.

ALGUNOS ASPECTOS DEL LENGUAJE. LA COMICIDAD. Es imposible, dentro de los límites de este estudio, un análisis detenido del lenguaje de *La camisa*, que requeriría, por su complejidad, una mayor extensión. Vamos, por ello, solamente a dar unas breves notas sobre algunos aspectos, concretamente, sobre el llamado «realismo» del lenguaje y sobre los procedimientos de comicidad, que son casi siempre de carácter verbal.

Lauro Olmo, en su trabajo «Algunas puntualizaciones sobre *La camisa*»[23], sale al paso de opiniones superficiales acerca del realismo del lenguaje. No consiste esto, dice, en que los personajes hablen «como en la calle», que su lenguaje sea «el de la vida cotidiana». Para Olmo se trata, sobre todo, de un proceso de síntesis, de concentración y selección: «Pero hacer hablar a un personaje teatral y darle, por

---

[23] Véase nota 20.

representatividad, más carga vital que al individuo de la vida normal, requiere, sobre todo, un gran poder de síntesis. Podríamos decir que las palabras del trato diario se van amontonando de una manera informe, sin perfil, quedando a la espera de ese proceso de selección o juego inventivo que ha de realizar el autor-creador: el autor realista».

En opinión de J. Monleón, «el lenguaje de *La camisa* y, en general, de todos los personajes populares de Lauro Olmo debe ser examinado desde una perspectiva poética, como creación del dramaturgo, referido artística y no documentalmente a personajes y conflictos de la sociedad española actual»[24].

Quizá una buena manera de demostrar la «artificiosidad» de este lenguaje sea mostrar aquellos momentos en que ésta salta a la vista. No se trata de señalar defectos. Sería absurdo. A lo largo de toda la obra, el espectador tiene la impresión de estar oyendo «el idioma del bajo Madrid esmaltado por palabras gruesas que no surgen por afán de asombrar al burgués, sino de modo absolutamente natural», citando palabras del crítico Adolfo Prego. Pero la impresión de naturalidad es engañosa. Como dice el autor, las gentes del bajo Madrid no hablan «así», ni juran, ni taquean tan oportunamente. Es cierto que esas gentes eliminan la *d* de los participios verbales, «tirao», «pensao», de los sustantivos en -ado: «recaos», así como la -d final de palabra: «mitá», o utilizan formas reducidas de preposiciones o adverbios: «pa» por para, «to» por todo, etc. Pero, partiendo de esa base *real*, el autor ha sometido el lenguaje a un proceso de reconstrucción creadora, potenciando al máximo sus recursos expresivos. Esta reconstrucción, esta invención, se advierte, sobre todo, en los momentos en que al autor se le va la mano, carga demasiado las tintas y nuestra conciencia lingüística nos advierte que aquella frase, aquella construcción no es «popular», es decir, no la diría nunca, espontáneamente, una persona iletrada. Pero tan «inventada» es esa

[24] *Trabajo citado*, en nota 9, p. 24.

frase como las demás. No sigamos teorizando y veamos algunos de esos momentos en que el artificio en la construcción del lenguaje es más patente.

El fallo (llamémosle así) procede alguna vez de la construcción sintáctica utilizada, que no es propia del habla popular. Hay que decir que esto es infrecuente y que sólo se ve con claridad en un caso, en la frase siguiente pronunciada por Sebas: «Si el jornal en marcos lo traduces en rubias y tiras éstas en un bautizo, ¡escalabras a tos los chaveas del barrio!» (p. 130). La forma más sencilla es: «... lo traduces en rubias y *las* tiras en un bautizo...». La repetición del antecedente mediante el pronombre («y *tiras éstas*») sería más propia de una frase culta.

Más frecuente es que la sensación de inoportunidad de una frase no se deba a su inadecuación sintáctica, sino léxica. La frase «suena» a literaria. No nos referiremos al lenguaje del tío Maravillas, por ser un caso particular del que hablaremos en otro momento, sino a frases sueltas de otros personajes. Por ejemplo, dice Lola: «Y estoy harta: harta de sufrir, harta de amar, harta de vivir provisionalmente» (p. 141). La frase «harta de amar» es literaria. En castellano, a todos los niveles, el verbo empleado es «querer», en el lenguaje hablado.

A veces, en el lenguaje de estas gentes, parece oírse el eco de los seriales radiofónicos: son frases retóricas, novelescas, aunque la fonética sea popular:

LOLA: Mira esa camisa. ¡Contémplala! Es la historia de tu casa (p. 141).
SEBAS: Y esto, yendo por lo hondo, no me gusta, y menos la mirá de resignación que, a veces, le enturbia los ojos a la Maruja (p. 133).

La dificultad de pronunciación hace dudar de que una frase tenga el empleo popular que le da el autor. Así, cuando el Lolo grita: «¡Inmortalicémosle!»

No vale la pena insistir más en este punto. Como decíamos antes, no se trata de señalar defectos, sino, al contrario, de resaltar el acierto del autor en la reconstrucción artística del habla de un determinado grupo social.

La comicidad de *La camisa* merecería por sí misma un capítulo; si la incluimos aquí, además de las razones de espacio, se debe a que la gracia de la obra es preferentemente de carácter verbal. Aparte de algún pequeño episodio, como el de Nacho dándole un cabezazo en la barriga al señor Paco, la comicidad de las escenas se basa en lo que dicen los personajes.

Son muy abundantes los chistes basados en el doble sentido de una palabra o de una frase. Muchos de ellos referidos al vino, a la borrachera; índice de la importancia que tiene la taberna en la vida de estas gentes. Vemos uno, sobre el doble sentido de la palabra «merluza», "pescado" en sentido real y "borrachera" en sentido figurado.

SEÑOR PACO: ¡Dichosos los ojos, Maravillas! ¡Tres días sin verte! Pero, ¿tanto te dura ahora la merluza?
TIO MARAVILLAS: Hay que estirarla, amigo. ¿Sabe a cómo está hoy el kilo? ¡A ciento diez pesetitas, imagínese!
SEÑOR PACO: Por eso tú las prefieres de a siete el litro, ¿eh? (p. 124).

Otro ejemplo muy similar. Sale de la taberna Ricardo; como siempre, borracho. Dice otro personaje: «Oye, ¿no hueles a pescao?» (p. 135).

El mismo procedimiento encontramos en la escena en que los chicos levantan las faldas a la mujer: Ella, en su comentario al señor Paco, se refiere a un orden de cosas (la desvergüenza de los muchachos). El contesta refiriéndose a algo mucho más concreto:

MUJER: (*Al señor Paco.*) Pero ¿usted se ha fijado?
SEÑOR PACO: Sin querer, señorita: involuntariamente. Y permítame decirle, con to respeto, que no lo lamento» (p. 121).

Un ejemplo más de paso del sentido figurado al sentido real.

SEBAS: ... ¿Está usté mala, abuela?
ABUELA: (*Desde la cama.*) Estoy que no me encuentro.
SEBAS: ¿Ha mirao usté debajo la cama? (p. 151).

A veces este procedimiento se combina con otros, como en el ejemplo siguiente:

MARIA: ... ¡Que lo degüello o me cuelgo, jurao!
BALBINA: ¡Jurao! ¡Jurao! Aquí, como en las Salesas: ¡to dios jura! (p. 129).

El doble sentido en que se toma la palabra «jurar» permite establecer esa identidad de evidente efecto cómico.

Otras veces la gracia procede del uso de frases metafóricas ya consolidadas por el uso, en sentido real, o en la creación de metáforas muy sencillas:

«Como te decía: señita de don Santi. El Gento la guipa, agarra el balón, coge la vespa y se embala por el verde. Sortea a cinco o seis desgraciados del equipo víctima y, ya cerca de los palos, se saca la bandeja de plata y le sirve el esférico al «Di». Lo demás te lo imaginas, ¿no? (p. 139).

La frase hecha, en origen metáfora, pero ya petrificada, «servir en bandeja de plata» se deshace y se usa como una metáfora de nuevo cuño, exactamente igual que «coger la vespa» por "acelerar" o "lanzarse velozmente".

Se puede decir que las metáforas se construyen sobre la base de una comparación exagerada, de una hipérbole. Responden a la expresividad propia del habla popular. Veamos algún ejemplo más: «¡A ver un tapón pa éste, que se le sale el mosto!» (p. 139).

«Mientras tanto, el portero, como las vacas suizas, llenándose las ubres de verde» (p. 139), por "revolcándose por el suelo". También la ruptura de un cliché lingüístico, por sustitución de una palabra, puede ser fuente de comicidad:

LUIS: Qué, ¿cómo va el negocio?
MARAVILLAS: De globo caído, hijo (p. 134).

Partiendo de la frase hecha «de capa caída», mediante la sustitución de una palabra, el personaje lo aplica a su caso particular y da nueva vitalidad a la frase. Y lo mismo vemos en la siguiente: «En todas, en todas partes cuecen globos» (p. 153).

Alguna vez nos encontramos con frases que son verdaderos juegos de ingenio y de gran originalidad, basadas en comparaciones imprevistas:

«Se ha acostumbrado a verlo to negro. Ni que al arco iris se le hubiera muerto el padre» (p. 133).

Alguna vez el efecto cómico se debe a un error lingüístico cometido por uno de los personajes. En principio, este procedimiento pertenece, desde sus comienzos, al teatro culto: son las gracias del «sayagués» de nuestro primitivo teatro; los errores del palurdo que hacen reír al hombre culto. Pero en Lauro Olmo el procedimiento es más complicado, pues, tras el error, lo que queda patente es el ingenio del que lo ha cometido. Así, el tío Maravillas lee muy seriamente en el periódico la trayectoria del satélite, pronunciando las abreviaturas de nordeste y sureste como «ne» y «se». Cuando el señor Paco le pregunta si él entiende eso de los grados y el «ne» y «se», responde Maravillas: «Yo no me dejo complicar la vida. Alzo la vista ¡y miro!» (p. 124).

El mismo procedimiento encontramos tomando como base la deformación de palabras extranjeras:

AGUSTINILLO: Yo me vestiría de «cua-buay».

LOLA: (*Extrañada.*) ¿De qué? (...).

LOLILLA: ¿No sabéis lo que es un «cua-buay»? Un norteamericano encima de un caballo con dos pistolas y lazo.

En el fondo, lo que hace reír es que el ignorante sea tan listo.

Si tuviéramos que resumir los procedimientos lingüísticos empleados para lograr efectos cómicos, diríamos que se trata fundamentalmente de juegos basados en el paso del sentido recto al figurado o a la inversa, y en un aumento de la expresividad basada en la exageración caricaturesca.

ANALISIS DE PERSONAJES.—En la construcción de personajes se caracteriza Lauro Olmo por el rápido trazado de éstos mediante sus acciones y palabras. Utiliza, además, el procedimiento de la definición (o autodefinición, en el caso de Maravillas, que es el único que habla de sí mismo). Hay, creemos, un voluntario empeño del autor en fijar rápidamente los rasgos característicos de sus personajes desde el momento en que salen a escena, lo cual podría responder a su deseo de un teatro popular: nada de sutilezas excesivas que el público vea pronto quién es quién sobre el escenario. Como ejemplo podemos citar la aparición del señor Paco. Antes de verle tenemos una definición por parte de otros personajes: «Es un explotador, ¿verdá?» (p. 120), e inmediatamente le vemos inmerso en una escena que le configura en sus rasgos fundamentales: les paga a los niños para que levanten la falda a las mujeres. El personaje ha quedado trazado: su lascivia y el aprovecharse de la miseria que le rodea, serán los rasgos que se repetirán a lo largo de la obra.

Incluso en el caso de un personaje más complejo, como es el de Juan, sus primeras palabras le configuran ya como uno de los «buenos», precisamente por su enfrentamiento al señor Paco. Ante los gritos de María insultando a su marido borracho, comenta el señor Paco: «¡Qué tía!», y Juan: «¡Pobre mujer!». El diálogo siguiente confirma la dignidad del personaje, y su solidaridad con los otros desgraciados (páginas 122-123).

La aparición de Lola, al final del acto I, muestra el mismo esquema de construcción. La precede un comentario de Juan que hace las veces de definición: «Todas están histéricas» (p. 133) y otro de Ricardo que, aunque referido a María, se siente común a las demás mujeres que están en la misma situación: «Está desatá y no hay santo que la soporte. (...) tenemos los nervios cabreaos» (p. 136). Con esta preparación, los breves minutos que Lola aparece en el primer acto bastan para caracterizarla: llega nerviosa, dando órdenes, le suelta una andanada a Ricardo y su comentario a lo que sucede es: «¡Perra vida!» (p. 137).

Los personajes de *La camisa*, en su dimensión psicológica, están condicionados por el carácter social de la obra, por el doble intento del autor de conseguir un teatro de denuncia y de alcance popular. Unas palabras de Lauro Olmo en el prólogo, aunque no se refieren a la construcción de personajes, nos parecen muy importantes para entenderlo: «Un día de agosto de 1960, se presentó en mi casa un matrimonio obrero: un matrimonio amigo. Ella se llamaba —se llama— Lola (...). Lola venía a despedirse: se iba a Alemania, a servir (...). Hubo un modo de irse que alcanzó bastante aceptación entre las familias económicamente débiles. *Primero se iba Lola —las incontables Lolas— y se colocaba de criada*» (el subrayado es nuestro) [25].

El peligro de estos personajes que han de reflejar la problemática de las «incontables» Lolas o Juanes españoles, está en el esquematismo fácil. Se han de sacrificar los rasgos individualizadores, la complejidad psicológica en pro de una sencillez que sea representativa. Por eso, excepto el tío Maravillas y Juan, no hay en *La camisa* caracteres individuales importantes. La impresión que produce es de «gente corriente», mujeres de obreros, vecinos de un barrio pobre. Como sucedía en el lenguaje, la impresión de realidad es engañosa, y tan inventados son el tío Maravillas como Lola o Ricardo, y tan difíciles o más de crear.

En general, podemos decir que el autor intenta paliar el inevitable esquematismo de los personajes, mediante detalles individualizadores: el cuello duro que guarda la abuela, el problema sentimental del Sebas y la Maruja, la afición del Lolo al fútbol, la historia del vestido y las ratas a orillas del Manzanares que cuenta Lola, las sábanas de la beoda de la señora Balbina... Hay que señalar también un cierto maniqueísmo en la construcción de algunos personajes secundarios. La señora Balbina es una especie de ángel tutelar en la medida de sus escasas posibilidades económicas, mientras que el señor Paco acumula sobre sí sólo rasgos negativos: es

[25] *Trabajo citado*, en nota 3, p. 115.

vicioso, aprovechado, hipócrita, cobarde, falso y además antipático. En realidad, es el único malo de la obra, porque todos los demás personajes están presentados bajo su prisma más favorable. Se podría pensar que en ese mundo de los obreros no los hay vagos, despreocupados, lascivos, aprovechados, envidiosos... Lo cierto es que sus defectos, cuando los hay, están cordial o socialmente justificados. Ricardo, sin trabajo, borracho empedernido, que de una paliza provoca un aborto a su mujer, en sus momentos de lucidez analiza la situación y vemos que la culpa la tienen las injustas e inhumanas circunstancias en que viven:

«Por quien más lo siento es por la María, está desatá y no hay santo que la soporte. De noche, cuando logra dormirse, le brinca el cuerpo; le pega sacudidas eléctricas. Y eso me pasa a mí a veces. Na: que tenemos los nervios cabreaos. Así te explicas que la columna de sucesos...» (p. 136).

Como dice otro de los personajes: «Un buen jornalito y na: los nervios nuevos» (p. 133).

El Sebas alude a chicas a quienes han «desgraciao» en el barrio, no se explican detalles: él, por su parte, quiere cumplir, por eso se va a Alemania. ¿Volverá Sebas? ¡Quién sabe!, pero en todo caso, la culpa habrá sido de la injusta situación social:

«Mira, Juan, quiero a la Maruja. Hace diez años que nos hubiéramos casao; pero, ¿con qué...? Estoy cerca de los cuarenta, y ella... ¡con canas! Cuando nos garbeamos juntos y pasa por nuestro lao algún guayabo de los de hoy, se me empieza a ir la vista. Y esto, yendo por lo hondo, no me gusta, y menos la mirá de resignación que, a veces, le enturbia los ojos a la Maruja. Además, últimamente, nos hemos descuidao y está (...) preñá. Y si me doy el piro de aquí es por arreglar las cosas. A bastantes hemos desgraciao ya en el barrio y no quiero que la Maruja sea un caso más. ¿Está claro?» (pp. 133-134).

Otro rasgo que podemos señalar en la construcción de personajes en *La camisa* es que éstos están en función de un ambiente y una anécdota concreta. Explicamos esto. De Lola, sabemos lo que piensa y lo que quiere en relación a un hecho muy concreto: trabajar fuera de España. Sus palabras, sus actitudes, sus reacciones se centran en ese tema. Pero, ¿qué piensa Lola, por ejemplo, sobre Dios? ¿Cómo son sus relaciones con sus patrones, qué piensa de ellos? ¿Se siente explotada en su trabajo, aquí? ¿Qué piensa o qué siente hacia otras gentes que disfrutan de lo que ella no tiene? Creemos que no se trata sólo de problemas de censura sino de una voluntaria limitación del personaje en función de una mayor representatividad. Lo que se pierde en extensión, en profundidad psicológica, se gana en fuerza. Lola es la mujer de un obrero que quiere emigrar para vivir mejor. Y todos los rasgos de carácter que nos presenta el autor están al servicio de esa función. Hagamos un rápido recuento de estos rasgos:

Lola está nerviosa, «histérica» (p. 133) como todas las mujeres de los parados, agresiva (María, de obra; ella, de palabra): «Y tú con la escopeta cargá, como siempre» (p. 137). «No me tires de la lengua que la armamos, ¿eh?» (p. 149), harta de la situación y deseosa de una vida más digna: «Hay que aspirar, hija, a una casa con ventanas amplias, donde el sol y el aire se encuentren a gusto, donde el agua corra, donde cada cual tenga su cama para poder darle un reposo al día vivido. Y una mesa con dos o tres sillas de más pa la convivencia»... (p. 143). Es una mujer que trabaja, que trae a la casa el poco dinero que en ella entra y sabe que eso le da derechos que hace valer para salirse con su idea de marchar a Alemania (p. 150), decidida (ultima los planes de marcha sin tener la seguridad del dinero y sin el consentimiento del marido) y a quien la vida ha hecho desconfiada sobre las ilusiones juveniles:

«En cuanto se vea con unas perras en el bolsillo se olvidará de ti. Y aspirará a la hija del barbero, o a alguna como la Merche, la de la ferretería. Además, es un crío. Tié tiempo por delante para juguetear con unas cuantas como tú y luego olvidarlas» (p. 142).

Muy poco más. Como detalle único, irrepetible, individual, esa historia del traje nuevo manchado a orillas del Manzanares (p. 171).

No hay que entender esto como un defecto; a lo sumo, como una voluntaria limitación. Y a este respecto son muy significativas las palabras de Lauro Olmo: «En el realismo en profundidad existe algo que, a veces, tiene más poder que los personajes mismos. Y este algo es el ambiente. Y todo autor-creador sabe que cuando el ambiente posee estas características, su voz domina a la de los personajes. Es más, éstos hablan por boca de aquél»[26].

Los personajes de *La camisa* se sienten reales, pertenecientes a un ambiente real. Y eso, en definitiva, es lo que el autor pretende.

El único personaje que no está en función del ambiente, que, en cierto modo, está al margen de él, es Maravillas, y éste ha sido, precisamente, el personaje más discutido. Para el autor es «el personaje más entrañable», señala que «ha sido criticado por algunos intelectuales» y recibido «con entusiasmo por el espectador popular»[27].

No entramos ahora en lo que significa el personaje, sino en cómo está construido. Su mismo nombre le diferencia de entrada de los otros personajes y alude al mundo en que él quiere moverse: el mundo de lo maravilloso, de lo fantástico. Su lenguaje no es realista: la proporción de juegos de palabras, metáforas y símbolos en sus intervenciones es abrumadora:

«Sol de España, sol de España en gotas.» «Es un trocito de infancia» (p. 135). «Somos los creadores del arco iris» (p. 153). «¡Soy un estafaor, Juan! ¡He estafao a tos los chavales del barrio! (...) Asesinar los globos (...) El arco iris es pura filfa. Tos los globos son negros...» (pp. 161-162).

Como personaje, pertenece a la categoría de los «locos-cuerdos», de glorioso antecedente en Don Quijote. Es el borracho que divierte y a quien se toma a broma, pero que dice verdades y tiene siempre a punto una réplica ingeniosa. También es un pobre viejo que ha perdido a un hijo (miem-

---

[26] *Trabajo citado* en nota 20, p. 79.
[27] *Ibidem*, p. 76.

bro del partido comunista), que trabaja de noche como guarda para cuidar a su mujer inválida y enferma, y que habla de una forma pedante y libresca, sin que sepamos por qué.

Pero Maravillas es también un símbolo: su nombre, su lenguaje, la importancia de los globos en las escenas que llegan a cerrar dos actos (en el I, todos los personajes miran a un globo que sube; en el II, los globos caen lentamente desde lo alto), hacen que le veamos como un símbolo de la ilusión, de la esperanza en el porvenir.

Creemos que el problema de Maravillas como personaje consiste en que no es fácil lograr la unión de las facetas simbólica y realista. Las dimensiones humanas realistas se interfieren con la simbólica. Así, cuando a Maravillas-obrero se le muere la mujer, Maravillas-símbolo cambia de signo y pasa a representar la desilusión, la desesperanza («Tos los globos son negros.» «El arco iris es pura filfa») (p. 162). La evolución, los cambios son propios de personajes realistas, pero los símbolos, si cambian, pierden esa categoría. De ahí que Maravillas se sienta como un personaje «raro» dentro de la obra, a medio camino entre la realidad y el símbolo.

ANALISIS DE CONTENIDOS.—Lauro Olmo, refiriéndose al resurgimiento del teatro inglés y a la actitud de sus autores, decía en una ocasión: «A mis compañeros y a mí, creo que, con respecto a nuestro mundo, nos mueve el mismo afán. Y les aseguro que no nos importa que nos llamen patriotas.» [28]

En *La camisa*, un aspecto muy importante es el amor a la patria, sentimiento un tanto «demodé» en estos tiempos que corren, pero que alcanza en Lauro Olmo una gran intensidad.

Dos personajes encarnan y manifiestan en la obra este sentimiento: Juan y el tío Maravillas.

En Juan, el amor a la patria va unido a su sentido de justicia social, y ambos sentimientos son la base de su deseo

[28] *Trabajo citado* en nota 18, p. 66.

de permanecer en España, frente a la ola creciente de emigración. Hay que hacer una puntualización. En el texto no se habla de «patria» sino de «tierra»: «¿Qué culpa tié la tierra?» (p. 151), «a tu padre le tira demasiao la tierra» (p. 142). Siendo su autor gallego, quizá conviene señalar que este sentimiento no tiene nada que ver con el atávico sentimiento que une a muchos gallegos al terruño, a un pedazo de tierra propio, a una huerta propia, aunque demasiado pequeña, a una casa donde vivieron y murieron sus padres y sus abuelos. A Juan no le «tira» la chabola (¿cómo le va a tirar?), ni el barrio miserable. Lo que le tira es España, es decir, la patria. Este amor, decíamos, va unido a un deseo de justicia social. Juan es consciente de las dificultades, pero distingue perfectamente entre la estructura política y económica, transitoria y, sobreentendemos, injusta, y el substrato permanente, merecedor de respeto y de amor.

Ambos sentimientos están unidos en la original postura de Juan, que hay que calificar de militante, pese a su aparente pasividad. (Ya hemos citado la interpretación que Laín Entralgo da a las posturas de ambos cónyuges.) Juan ve su permanencia aquí como una lucha, una lucha que les atañe a todos y que les justifica: «Han nacío aquí, Lola. Su hambre es de aquí. Y es aquí donde tienen que luchar pa saciarla. No debemos permitir que tu hambre, que nuestra hambre, se convierta en un trasto inútil» (p. 149).

Para Juan la marcha es como una deserción, como una huida cobarde y, lo que es peor, inconsciente, en la que no se distingue al verdadero culpable: «¿Te quieres meter en la sesera que la mayoría no os vais: que huís? ¡Es la espantá! Y lo que a muchos no os aguanto es que os larguéis maldiciendo la tierra que os parió. ¿Qué culpa tié la tierra?» (p. 151).

Hay momentos en los que la postura de Juan peca de idealismo: se imagina una patria unida y solidaria donde todos arriman el hombro y «aguantan el chaparrón» juntos:

«Iré a ver al patrón y le diré que se invente un tajo pa mí, que aguante el chaparrón conmigo, que no quiero, ¡que yo no quiero irme!» (p. 132).

«¡Pienso en mi patrón!... Me oirá. Mi deber es que me oiga y el suyo es escucharme» (p. 148).

Lola, más apegada a la realidad inmediata, enfoca más certeramente la situación:

«Palabras. Palabrería. Lo más que lograrás es un cachetito amistoso. Y no esperes que la mano que lo dé caiga en la cuenta de que pega en hueso. En hueso descarnao. Las manos gordezuelas, Juan, tienen atascá la sensibilidá» (página 148).

No se puede decir que Lola no comprenda la postura de su marido. Ella misma quiere que él agote, antes de marchar, los medios de quedarse:

«Y si algún día decide también marcharse, que nunca, ante sí mismo o ante los demás, pueda reprocharse o acusarse de...» (p. 142).

Con sentido más práctico, más atento a la realidad inmediata, Lola se irá. Pero no es la suya una decisión trascendente que comprometa toda su vida, como lo es la de Juan. Lo de Lola es una solución transitoria:

«Pero no se irá; a tu padre le tira demasiado la tierra. Me iré yo. Seis meses, un año; hasta que él salga de las chapuzas y vuelva a encontrar algo fijo» (p. 142).

Juan no cambia de idea en ningún momento, aunque las circunstancias le coloquen en una postura cada vez más difícil. Por mucha que sea la necesidad, la partida de Lola le sigue pareciendo una huida:

«¡Un céntimo! ¡Un solo céntimo que consiga yo traer a mi casa y no hay huida pa nadie! ¡Que quede bien claro!» (p. 149).

Y ante esa inevitable «huida», la postura de Juan será afirmar su voluntad de permanencia y de lucha por los derechos más elementales del hombre: trabajar y vivir dignamente en la tierra que ama. El verdadero fracaso sería abandonar la lucha por esos derechos:

«¡Si yo me fuera, abuela, sería un fracaso! Y yo no he fracasao; ¡le juro que yo no he fracasao!» (p. 161).

Juan sabe que, quedándose él, Lola volverá: «Claro que volverá. Pero, ¡porque yo me quedo aquí!» (p. 161).

Y juntos han de proseguir la lucha por esa paz que la esposa va a buscar fuera y que él piensa que «pa nosotros, primero debe estar aquí» (p. 165).

Otro aspecto del amor a la patria está representado por el tío Maravillas. En él encontramos exacerbado, llevado al paroxismo, el mismo amor que hacía desesperarse a Juan ante los que se marchaban de la tierra maldiciendo de ella. Los vivas a España del tío Maravillas, sollozando, golpeando el suelo con los puños cerrados (p. 154), son la expresión de su amor a una tierra a la que una injusta situación social hace dura y difícil para sus hijos; es la manifestación de un amor que va más allá de un presente que no nos gusta y que nos duele.

Otros aspectos del amor a España de Maravillas resultan más problemáticos, más polémicos. En él encontramos, como en los galanes de nuestro siglo de Oro, como en los dramas de Marquina (por citar ejemplos clásicos), una eufórica complacencia en ser español: «El tío Maravillas, ¡un español!, precursor de lo interplanetario» (p. 124).

¿En qué se basa esa autosatisfacción? No queda claro. Pero en las palabras de Maravillas se trasluce un desprecio a los valores materiales, que no ha sido precisamente nuestra mayor virtud:

«Va por mi país: ¡el reino de la fantasía!» (p. 124). Los globos de Maravillas simbolizan la ilusión, la fantasía, la fe en un mañana mejor, la confianza alegre en el porvenir:

«Cógelo, amigo. Es un trocito de infancia» (p. 135).

«... el gran globo de la ilusión» (p. 135).

«¿Te has fijao en la mirá de un chavea cuando descubre por primera vez los globos? ¡Impresionante, Juan! Miran preñaos de fe los mocosos, como si en este puñetero mundo to estuviera bien hecho. Les bulle la alegría en los ojos y te hacen creer que...» (p. 161).

Frente a ellos, el satélite americano que cruza el cielo madrileño, simboliza la técnica, el progreso, el poder. Maravillas lo desdeña; sus globitos, su mundo de fantasía no se arredra ante la realidad material:

«Silencio. (Suelta y le ayudan a soltar siete globos.) ¡Mirad, mirad! ¿Cuántos satélites hay ahora en el aire? Contadlos: ¡siete! Y de los siete, solamente uno no es nuestro» (p. 153).

Los sollozos, los vivas a España llorando, con los que termina esta escena, ponen un contrapunto de dolor a la gozosa indiferencia. No basta refugiarse en la fantasía. España no puede ser sólo el país de las ilusiones. Hay que luchar por realidades concretas y materiales que hagan la vida más fácil. Al final de la obra, la enlutada figura de Maravillas queriendo asesinar los globos, asegurando que «tos los globos son negros» (p. 162), aquellos globos que eran «sol de España en gotas» (p. 135), parece querer decirnos que no se puede, o mejor, que no se debe huir de la realidad: ni yéndose a Alemania, ni refugiándose en un ilusorio mundo de fantasía. El tío Maravillas gritaba: «¡Viva el más allá! ¡El más allá es nuestro!», pero la realidad inmediata es más fuerte que él: ni siquiera es nuestro el más acá. La tragedia personal del tío Maravillas (la muerte de su mujer ya inválida) trasciende su individualidad para hacerse universal: las ilusiones son mentira. Nosotros, los españoles, éramos «los creadores del arco iris» (p. 153), pero ahora Maravillas piensa que «el arco iris es pura filfa» (p. 162).

Al hablar de la construcción de personajes hemos señalado cómo en Maravillas coexisten una faceta simbólica y una realista, que acaban interfiriéndose y perjudicando la visión del personaje. Lo mismo tenemos que decir al analizar los contenidos. La evolución psicológica del personaje, el paso del optimismo del comienzo al pesimismo final, ¿hay que extenderlo a la dimensión simbólica? Si somos los creadores del arco iris, si el nuestro es el país de la fantasía, hay que pensar que todo lo nuestro es, como el arco iris, «pura filfa». Pensemos que no es ése el mensaje que se quiere transmitir y que éste se mantiene al margen de la evolución del personaje. Lo fundamental de Maravillas sigue siendo la actitud de amor a la tierra, a pesar de las circunstancias actuales.

FRANCISCO NIEVA:
PROPUESTA ESCENICA PARA
«La camisa»

Otro sainete trágico que no debemos emparentar con la estética de Buero. Y la evolución posterior de Lauro Olmo como dramaturgo lo confirma. Sería un error hacer del «realismo español» un cajón de sastre en el que todo cupiese bajo el mismo denominador cuando se trata de materializar escénicamente sus productos.

Con relación específica a *La camisa* debiéramos tener en cuenta varios valiosos factores para su justa interpretación plástico-dramática.

Aparentemente el autor parece «inspirarse», en cuanto al espacio escénico sugerido, en la convencional encrucijada escenográfica de los sainetes madrileños. Tengamos en cuenta que en *La Camisa* y en *La pechuga de la sardina* se ofrece un tipo de comedia urbana en moderna y «auténtica» versión de la realidad española. Mas esta encrucijada que casi tiene un aire de patio interior, por la que no pasan sino los personajes de la comedia y no el normal e indiferenciado tráfico urbano, nos puede equivocar. El estudio profundo de la calidad —y cualidad— biográfica, o mejor autobiográfica, en las primeras manifestaciones de la obra de Olmo, nos puede orientar perfectamente. Existen datos importantes para ello provistos por el propio autor en muy diferentes escritos. En estos datos se basa una prueba fehaciente de la autenticidad del clima urbano de *La camisa* si tenemos en cuenta que el autor vivió por mucho tiempo en el demolido barrio de Pozas, cuyo enclave en casi el centro del moderno Madrid hacía de él una isla con un denso clima vecinal próximo y humanísimo. No sabemos cuánto el autor ha añadido imaginando, sí hemos de tener muy en cuenta cuánto el resto es observada verdad. La destrucción del citado barrio sólo podía indignar a personas de una determinada formación y tendencia estético-humanista; lamentar su desaparición aún más en la medida que novísimos arqui-

tectos «sueñan» ahora en conseguir núcleos vecinales pare-
cidos con bastantes visos de utopía. Este pequeñísimo y
denso Madrid que era el barrio de Pozas es, en realidad, el
escenario de dos comedias conmovedoras de Lauro Olmo.

La misma veracidad encontramos en remotos precedentes clásicos como *El campiello*, de Goldoni, desarrollada
como tal comedia en escenarios todavía existentes y magníficamente conservados.

Director y escenógrafo han de tener muy en cuenta que
Olmo no se basó en una «convención» literaria, ni su madri-
leñismo tiene nada de nostálgico.

Su enfoque plástico admite el extremo realismo documental —difícil, puesto que Pozas desapareció— casi en los
mismos términos de una reciente puesta en escena de *El
Campiello* realizada por Strehler. Mas también admitiría,
pese a ciertas dificultades argóticas del diálogo, una ideali-
zación: un Madrid extractado y finamente simbólico en posteriores montajes de la obra.

Podemos basarnos para ello en escenas de un discreto
pero atinado simbolismo como las intervenciones en los
tres actos del tío Maravillas. La venta de los globos en tris-
tísima competición con el satélite espacial que cruza el cielo
de la ciudad. El teatro documento se confabula aquí en ocasiones con determinados resúmenes líricos, sin que lo uno
invalide lo otro. La camisa comprada en el Rastro por catorce pesetas es también un objeto de teatro con aplicaciones
simbólicas.

¿Nos atreveríamos a afirmar que la última solución tendría carácter más universal y subrayaría en la obra de Olmo
un aspecto algo postergado por la crítica? Tal solución daría
acaso una nueva luz sobre lo que, por encima de lo anecdó-
tico histórico, sería simplemente «la comedia de la pobreza
y de la emigración». Todo ello sin hacer tabla rasa de las
sugerencias ambientales que abundan en la obra. Mas el
tiempo no pasa en balde y tengo por cierto que el tiempo
no ha limitado la inicial pujanza de *La camisa*, ciertamente
basada en ese curiosamente acotado recinto urbano. Que
parece convención teatral y no lo es. Que, por el contrario,

puede «trascenderse» en un escenario algo más abstracto y simbólico. La comedia lo soportaría muy bien, a pesar de su argotismo documental, y a favor de los contados pero intensos momentos en que la realidad de observación pasa suavemente a concentrarse en un símbolo.

Si en Buero o en Sastre tales concentraciones simbólicas existen no es tan factible en ellas este trueque de carácter plástico. No nos basaríamos, como es natural, en la convencional encrucijada sainetesca y su ilusionismo pictórico, puesto que también hay en el espacio escénico de *La camisa* un deseo de presentar el exterior de la calle y parte de los interiores de algunos de sus habitantes. Si bien, por otra parte, no es de olvidar que la obra resume un tiempo, unas fechas de acción y desarrollo, muy determinadas. Sería preciso, pues, un «alejamiento» estilizador, una atemporalidad hacia atrás, si se nos admite el aparente contrasentido. No es necesario que la arquitectura y los trajes sean de un tiempo determinado, ni por supuesto antihistórico, sino que simplemente se sugieran como «otros» en un pasado próximo. Solución que por otra parte no sería convencional, en su sentido más peyorativo, sino determinante de una convención original que sirviese a las intenciones de la obra, ahora entendida mejor como la comedia de la pobreza y de la emigración, excluyente de todo aditamento folklórico.

Es así como este sainete trágico, o «drama popular» como mejor lo define su autor, podría seguir resaltando sus valores formales, si la reconstitución histórica se considerase embarazosa.

«Castañuela 70» (1970)

Pese a que no alcanzó los dos meses en cartel, *Castañue-la 70* representa un episodio importante de nuestro teatro reciente. Además, su singularidad es grande con respecto a las otras obras analizadas en este libro.

Empecemos por la historia más externa. La obra es fruto de la colaboración de dos grupos: uno teatral, Tábano y otro musical, Las Madres del Cordero. Ellos firman el espectáculo en el que, por funcionar a nivel colectivo, no se darán nunca nombres de autor, director, actores, músico, decorador, etc. Consiguen ser incluidos en el Ciclo de Cámara y Ensayo del teatro Marquina, el 21 de junio. Este ciclo se desarrolló en medio de ruidosas discrepancias, pero *Castañuela* consiguió un notable éxito: «El ruido promovido por la "Castañuela" desde su estreno en el Marquina, donde, entre otras cosas, cientos de espectadores que no habían conseguido entrada se abrieron paso a los gritos de "teatro popular" superó todos nuestros cálculos»[1]. El éxito obliga a una segunda representación, cerrando el ciclo, y anima a una gira por Cataluña. Allí, las críticas son duras pero el éxito de público, grande.

---

[1] Tomamos todos los datos de la revista *Primer Acto*, Madrid, número 125, octubre 1970. Mientras no haya indicación en contra, a él se refieren todas las citas, indicando sólo la página. Incluye un texto de los dos grupos, «Historia de un repiqueteo», una mesa redonda con ellos y el texto de la obra, en la medida en que existe un texto fijo al margen del espectáculo. Este es, en todo caso, el que puede servir de base para un estudio.

La oportunidad inesperada se presenta al ofrecérsele, en agosto, el teatro de la Comedia de Madrid. El hecho es menos sorprendente de lo que a primera vista puede parecer. Cualquiera que siga la actualidad teatral madrileña sabe que en agosto, a veces, «se caen» obras y no se quiere estrenar otras nuevas, reservándolas para el comienzo de la temporada. En esos casos, no es raro que se ofrezca una oportunidad a autores o grupos españoles de signo renovador, que no encontrarían fácilmente teatro de octubre a mayo. Como dicen los del grupo, «se trataba de que compensáramos de algún modo los gastos de un local cerrado a base de nuestro espectáculo, bastante más barato de lo normal» (p. 40).

La obra se estrena comercialmente en el teatro de la Comedia de Madrid el 21 de agosto de 1970. Era la época dorada de los cines de arte y ensayo (nada menos que diez funcionaban ese día en Madrid) y *Castañuela* aparece anunciada como «la revista de Cámara y Ensayo». Los precios oscilan de 20 a 80 pesetas. Lorenzo López Sancho, en su crítica, muy favorable, nos informa de que «derrotaron estrepitosamente a los grupos de reventadores que desde el primer cuadro intentaron aguar la representación».

Ese día, los periódicos madrileños dedican sus grandes titulares a la audiencia pública que va a conceder el Comité Fulbright sobre los acuerdos hispano-norteamericanos. No cabe, pues, mayor oportunidad, pues éste es uno de los temas tratados humorísticamente en la obra. A la vez, se comenta el estado de salud de Pablo VI.

En las noticias españolas, se suprime la reválida de Cuarto Curso, pero Villar Palasí, ministro de Educación, anuncia que la gratuidad de la enseñanza no entrará en vigor hasta el año 1973. Varios decretos del Consejo de Ministros celebrado, como es habitual en estas fechas, en tierras gallegas, intentan poner en marcha la Ley de Educación. Está siendo derruido el Circo Price. Y, después de una gran polémica, comienza la demolición parcial de las torres de Colón, a la vez que se va a inaugurar el paso elevado de Juan Bravo, sobre la Castellana. El país sufre con los inicuos

manejos alemanes (la famosa pista de asfalto) que han con-
ducido a nuestra eliminación de la Copa Davis, a pesar de
«Supermanuel» Santana. El Cordobés actúa en plazas cercanas a Madrid. Se celebra en el Puerto de la Cruz el I Co-
loquio sobre Novela Latinoamericana: ha llegado a España
el «boom».

En el mundo teatral, son nombrados directores de los
teatros oficiales Alberto González Vergel (del Español), Tamayo (de la Zarzuela) y José Luis Alonso (confirmado en el
María Guerrero). Ya hay cafés-teatro en Madrid. Y se presenta como cantante en Benidorm Alfonso Paso...

Los grandes éxitos cinematográficos, después de meses,
siguen siendo «El compromiso», «Doctor Zhivago», «Hello
Dolly» y «La residencia», de Ibáñez Serrador, aportación
española de gran comercialidad al cine de terror. Se repone
«La revoltosa», ahora en 70 milímetros...

En teatro, el panorama es, lógicamente, muy limitado.
Acaba de estrenarse *OK*, de Isaac Chocrón, por María As-
querino y Ana Mariscal, en el Valle-Inclán. Continúan su
carrera dos éxitos franceses: *El bebé*, de Marceau, en el
Fígaro, y *La pequeña cabaña*, de Roussin, en el Club, por
José María Mompín, Pilar Velázquez y Carlos Ballesteros.
Licia Calderón y Tony Soler presentan obras de circunstancias. En la revista, Colsada ofrece, en La Latina, *Las mujeres
de la costa*, con Vicky Lusson. En el Calderón actúa el espectáculo folklórico *Cantamos a España*, con Paquita Rico y
Angelillo. (Evidentemente, siguen vigentes los modelos de
Castañuela.) Y sólo una comedia de autor español, la mile-
naria *Casa de las chivas*, de Salom, en el Marquina.

Pensemos un momento en lo que significa estrenar en
Madrid un 21 de agosto: los críticos titulares de los periódicos están ausentes en su mayoría, igual que el público
aficionado al teatro. Madrid, semidesierto. Los posibles espectadores, en general, huyen de los viejos locales teatrales
y se refugian en los cines refrigerados... Las circunstancias,
desde luego, no pueden ser menos propicias. Y, sin embargo,
Castañuela sigue adelante; alcanza, incluso, un éxito que
podemos calificar de asombroso. En las representaciones a

que asistimos, el público llenaba el local y se divertía muchísimo con esta obra, tan distinta de las habituales en nuestro teatro comercial. Parece que funciona aquí la recomendación de persona a persona —la más eficaz— que va creciendo como una bola. Al volver a la capital, a comienzos de septiembre, muchos madrileños se enteran de que «hay que ver» este espectáculo. Su éxito rebasa todas las previsiones.

Sin embargo, la obra no alcanzará el comienzo del curso escolar, que podía haber supuesto un nuevo contingente de espectadores. Las representaciones se suspenden por orden de la autoridad gubernativa. Los grupos actuantes lo explican así, en una nota que dan a los periódicos madrileños: «Los hechos que motivaron esta decisión fueron, al parecer, ocasionados por la actuación, en la noche del pasado día 27, de un grupo de individuos que, tras un "indignado pateo" en los momentos más cruciales de la obra, prorrumpió en gritos de "Arriba España" y "Rojos, no". Al final de la primera parte, este mismo grupo lanzó numerosas octavillas multicopiadas de pretendido matiz izquierdista, firmadas por siglas absolutamente desconocidas hasta el momento. Durante la segunda parte continuó el alboroto, llegando los provocadores en diferentes ocasiones a groseros insultos personales dirigidos a los miembros de la compañía. A pesar de todo, la obra continuó hasta el final con el apoyo incondicional de una buena parte del público joven, disconforme y sorprendido ante la actitud del grupo de provocadores. Se desconoce, en las actuales circunstancias, si 'Castañuela 70' volverá a ser representada» (p. 40). No lo fue. La obra se suspendió el 28 de septiembre, cuando llevaba 90 representaciones, en pleno éxito. Fuera o no provocado el incidente, no deja de tener su lógica este final.

Como ya hemos indicado, la crítica no tuvo demasiadas ocasiones para manifestarse. Sin embargo, cabe recordar algunas opiniones. El crítico de *Arriba*, el diario del Movimiento, afirma que «merecieron el éxito. ¡Magnífico grupo! Las ovaciones, los gritos de entusiasmo, se multiplicaron constantemente. Yo me uní a la fiesta con mucho gusto». Los críticos de *El Alcázar* (Manuel Díaz Crespo) y *Pueblo*

(Alfredo Marquerie) coinciden en señalar el antecedente de las murgas gaditanas y sevillanas, «si bien un poco más intelectualizadas en la intención burlesca».

Desde su tribuna de espectador de la vida española, en *Gaceta Ilustrada*, Pedro Laín Entralgo indica que la obra «trata de que el público se ría con —y de— nuestro modo de entender y practicar la justicia social, nuestro módico pero ya visible ingreso en un tipo de vida económica que suelen llamar 'sociedad de consumo' y nuestra manera de concebir y realizar una serie de muy importantes cosas: la educación de masas y la 'distinguida', la convivencia civil a través de los tumbos de la historia, la participación del pueblo en el conocimiento y la responsabilidad de su propio destino; más aún: declara abiertamente que la risa de los espectadores sería pura risa si a la postre no fuese más que simple risa».

Aparte de otros análisis y elogios, *Primer Acto* señala que «en el plano puramente teatral, era la primera vez que un grupo independiente, sin nombres 'cotizados' en el cartel, sin ninguno de los reclamos habituales del teatro profesional, llenaba un teatro madrileño día tras día» (p. 34). Este es un hecho, evidentemente, de singular importancia.

¿Cuáles eran los propósitos inspiradores del espectáculo. De la serie de declaraciones hechas por los grupos que en él intervinieron podemos extraer los siguientes puntos concretos:

1. Querían un espectáculo fundamentalmente popular, con el que recorrer los pueblos y ciudades de España.
2. Intentaban una creación colectiva llevada «a sus últimas consecuencias». Luego, la práctica obligaría a ciertas restricciones.

Un ejemplo, en el cuadro sobre la familia: «Se improvisaba a discreción sobre la imagen de la familia. Al fin alguien insinuaba: 'Un trueno', y otro completaba: 'Una tormenta'. Al cabo, uno añadía: 'Un barco tambaleándose en medio de una tormenta.' Más o menos acertada, se había dado con la fórmula. A continuación venía discutir los pormenores, completar lo que apenas era una imagen espontánea» (p. 37).

Como en la literatura tradicional, no todos realizan una labor igualmente creadora: «Nuevamente se evidenció el distinto grado de preparación de los individuos; por consiguiente, la desigual participación de los mismos. De cualquier modo, conseguimos que todos participaran dentro de sus posibilidades» (p. 39).

3. Buscaban —ya hemos visto algo semejante a propósito de *La camisa*— un nuevo público, al margen del habitual espectador burgués. Y ese destinatario tenía que condicionar la índole del espectáculo. Una vez estrenada la obra, se intentó mantener un contacto activo en el público mediante encuestas, rebajas gracias al régimen de trabajo en cooperativa... No hace falta señalar que muchos de estos intentos se quedaron en proyecto.

4. En vez de un tema unitario, se escogió la fórmula de un conjunto de escenas que plantearan diversos temas, los que parecieran más apropiados como estímulo para suscitar las reacciones colectivas. Los siete temas elegidos fueron éstos: la propiedad, la publicidad, la televisión, el imperialismo, la burguesía, la familia y el sexo (la censura suprimió el tema de la emigración).

5. Cansados de tanto teatro «serio», adoptaron una fórmula deliberadamente grotesca. Muchas realidades nacionales podían así obtener la crítica que merecían: la juerga, el cachondeo, el «ay, qué risa tía Felisa». A la vez, esta óptica se reveló como eficaz defensa contra la censura.

6. Quizás la novedad más llamativa del espectáculo fue la de utilizar para una finalidad crítica, cambiando sus contenidos de signo, las fórmulas de un género teatral popular: la revista española. (Al fondo estaban, naturalmente, los ejemplos del teatro político de cabaret.) El hallazgo resultó ser muy feliz. Para la parte musical, fue fundamental la colaboración con el grupo Las Madres del Cordero, que reconocían influencias tan ilustres como las de Georges Brassens,

Boris Vian y Pete Seeger, y querían realizar un tipo de canción «fundamentalmente satírica, desmitificadora, agresiva y, sobre todo, vinculada totalmente a la realidad objetiva de la sociedad en la que el grupo se mueve» (p. 39). La feliz conjunción de elementos musicales y escénicos fue una de las grandes bazas del espectáculo.

7. En este tipo de representación, la puesta en escena no sólo era básica para que llegara a existir el hecho teatral sino que suponía un arma nueva, «un nuevo artilugio para cargar de pólvora cuanto a nivel de palabras había pasado las barreras administrativas».

Sólo dos de los actores habían hecho teatro profesional. Eso dio origen a un espectáculo parcial y deliberadamente torpe, que daba impresión de espontaneidad y frescura, además de mantenerse en esto fiel a su modelo: «Nos parecía que venía estupendamente que una señora anduviera suelta por una esquina del escenario, porque en La Latina o en el Martín ocurre exactamente lo mismo» (p. 41).

8. Teniendo en cuenta el sentido crítico del espectáculo y la existencia de la censura, su procedimiento y su valor fundamental será la insinuación. Además, esto que, inicialmente, parece un subterfugio, puede dar lugar, si se usa con inteligencia, a interesantes experimentos formales. «Hay un ejemplo claro de que esta insinuación puede llegar más al público que el texto explícito. A lo largo de las setenta y tantas representaciones que hemos hecho de *Castañuela 70*, el público ha imaginado, se ha formado un mundo tan completamente por encima del espectáculo, que en muchas partes nos hemos visto superados» (pp. 43-44). Así sucedió, por ejemplo, con el sentido oculto que se quiso ver en lo que inicialmente era sólo una parodia del *Don Alvaro o la fuerza del sino*.

El malentendido puede producirse en sentido contrario: un público ingenuo que, atraído sólo por el título, sin más información, desea presenciar un espectáculo folklórico. (Así ha sucedido también, hace poco, con el estreno en Madrid, un sábado por la noche, junto a la Gran Vía, de *Paso-doble*, la terrible farsa de Romeo Esteo.)

La anécdota es divertida: en Cariñena, «una confusión imposible de reparar colocó a Tábano y Madres del Cordero en trance de repetir —llevando también aquí el elemento femenino la peor parte— la historia de las salvajes de Puente San Gil ante un público masivamente masculino que había acudido a ver la revista de la capital...» (p. 39).

Se trata, pues, de un espectáculo para gente que «sabe de qué va», que adivina segundas intenciones, que está deseando oír cosas distintas del habitual triunfalismo. Y ésos, en la España de los años setenta, cada día son más. De ahí el éxito y el sentido histórico de *Castañuela 70*.

Una obra que (si no fuera por lo horrible del vocablo) nos atreveríamos a calificar de «coyuntural», por definición. Quizás antes no hubiera sido posible. Probablemente, hoy, quedaría muy rebasada. Una hipotética *Castañuela 77* tendría que ir mucho más adelante en la crítica y en la estética teatral, porque el país —pese a lo que algunos pretenden— no se ha quedado quieto. Por eso creemos que *Castañuela 70* forma ya parte de la historia reciente de nuestro teatro.

Si un texto no da nunca razón suficiente de un hecho teatral, ello sucede de modo mucho más radical en casos como los de *Castañuela*. Aquí, realmente, el texto es sólo un mínimo punto de partida, sujeto a revisión y cambio continuo. A sabiendas de todo esto y dentro de los límites oportunos, tenemos que recurrir al texto publicado: él es —además de los recuerdos personales— el único material que posee el crítico para un análisis algo minucioso que no quiera quedarse en generalidades.

Castañuela 70: El título alude ya a una españolada puesta al día. Los conjuntos: tábano, animal pequeño pero que pica. La madre del cordero: celtibérica versión —dirán los cultos— del título de la novela de Graham Greene: *The heart of the matter*; «el fondo del asunto» o «el revés de la trama», según las traducciones habituales.

Junto a los instrumentos clásicos (guitarra, violín...), el grupo musical utiliza otros elementales, con sabor popular: cencerros, merlitón, panderetas, además del que da título a la obra.

Ruptura de lo habitual: salen vestidos de músicos de pueblo, pero con detalles insólitos que rompen la armonía: pantalones cortos, a rayas, de flores... El director es el más llamativo: gran levita verde, gran lazo rojo y ligas. Todo eso es compatible con la repetición de los gestos rituales más ceremoniosos: reverencias al público, saludos al director, separación convencional... Algunos detalles recuerdan el ambiente de circo, pero falta la unidad estilística; más bien, es un *collage* que reúne elementos muy diversos y llamativos, que se dan de bofetadas unos con otros.

Burla de las «oberturas» habituales: «La gran orquesta Madres del Cordero ataca el pasodoble *Campanera*.» Nótese la utilización de una de las melodías más populares del repertorio nacional. Irrisión del virtuosismo ridículo «... donde el solista de merlitón luce sus grandes cualidades interpretativas». Todo ello, uniendo lo solemne a lo ridículo.

Como un experimentado *show-man* internacional, el director de la orquesta, con su pintoresca indumentaria, presenta el espectáculo en varios idiomas, mezclados de modo arbitrario: «Muy buenas noches, *ladys and gentlemans; bon soir*, señoras y señores; *good evening, monsieurs, dames...*» Luego vienen las ponderaciones usuales: «Espectáculos Internacionales Tábano-Madres del Cordero tienen el placer de invitarles a participar en el *show* que les ha hecho famosos en cinco continentes...» Con el mismo recurso inicia Guillermo Cabrera Infante su novela *Tres tristes tigres*. Y, dentro todavía del discurso del director, una advertencia singular, en la que apunta la crítica al espectador masificado: «... esperamos que canten si pueden, y rían si aún se acuerdan» (p. 47).

Con una «coreografía que parodia la de las revistas», empieza el primer *sketch*.

1. *Cada mochuelo a su olivo* (pp. 47-48)

Dentro de la obra, es el episodio más serio, social, épico y directo. Por eso consiste en el recitado de un narrador, que canta la guitarra, y el canto de un coro. Todo ello, en romance, el verso más apropiado para esto. El público se encontraba ante una especie de moderno romance de ciegos, con una finalidad política muy clara: atacar los latifundios de los campos andaluces y, en definitiva, al capitalismo.

Es una forma simple, popular y directa de presentar un problema social o político. (¿Se hacía algo así en los espectáculos del Madrid republicano?) La fórmula se ha repetido mucho, entre los grupos de teatro independiente: de igual modo, por ejemplo, introducen «Los Goliardos» su espectáculo *Historias de Juan de Buenalma*, sobre textos de Lope de Rueda.

De vez en cuanto se utiliza la «fabla», un lenguaje que imita al arcaico propio del Romancero: «aquesta historia», «nos la tienen de cortar»... Creemos que así se logran varios fines: imitar un romance tradicional, facilitar la rima y lograr un efecto de distanciamiento.

Junto a éste, es importante el efecto de contrapunto. En medio de la triste relación aparece un coro patriotero que canta *Viva Jaén*, como canta a Almería o a España Manolo Escobar. Así, vemos juntas las dos caras (tópico patriotero y crítica social) de un mismo objeto: el campo de Jaén.

Se declara la finalidad del romance: «está escrita aquesta historia / para decir la verdad». Su tono, gritar más que el público: «por eso, si gritan mucho, / gritaremos mucho más». Y se alude a la adopción de una serie de necesarias cautelas: «Que el que se cura en salud / no se tiene que curar»; «que si la letra no vale, / nos la tienen de cortar».

Como en toda la obra, se utilizan patrones literarios bien conocidos que se imitan, contradicen o parodian. Aquí, concretamente, se trata de dos de los romances tradicionales más famosos, que muchos espectadores deben conocer desde la escuela. Lo primero es la negación del bellísimo romance del prisionero:

«Y que no era por mayo
cuando hace ya calor,
ni cantaba la calandria,
ni responde el ruiseñor.»

Seguirá así, negándolo punto por punto. Aquí, el romance tradicional es la falsilla, bien conocida, de la que hay que separarse. Frente al mundo idílico de la primavera en flor se trata, ahora, de «el puro invierno».

En brusco cambio, hacia el final aparece el romance de doña Alda:

«Todos visten un vestido,
todos calzan un calzar,
si no era el mochuelo malo
porque era capataz.»

Como se ve, sirve para marcar el contraste entre el pueblo, igualado en todo, y el jefe que los manda. Así surge un simbolismo bastante elemental, con el contraste entre:

— la calandria y el ruiseñor: obreros libres;
— el mochuelo malo: el capataz.

No nos detenemos en la alusión, muy rápida, a otro romance bien conocido:

«Por las vegas de Jaén
hasta cuarenta mochuelos
y el capataz que los manda.»

En contraste con el recitado monótono, aparecía el coro femenino que cantaba, mientras simulaba la recogida de la aceituna: «Aceituna, aceitunita.» Lo más llamativo e hilarante era su movimiento sofisticado, como de bayadera. Así, a la vez, se parodiaban los ridículos movimientos de las coristas, en las revistas normales, y se templaba el bronco mensaje anticapitalista del *sketch*. En efecto, su canto tenía un tono dulce, de cuento infantil, con muchos diminutivos y repeticiones, para expresar crudamente la injusticia capitalista: el obrero que ha recogido toda la cesta cobra sólo dos o tres aceitunas.

> «La cestita muy llenita
> a mi amo llevaré,
> y, a cambio, daráme a cambio,
> dos aceitunas o tres.»

El enemigo es el latifundismo: «que los olivos plantados / fueran de un solo señor». Se trata de algo con raíces tradicionales, que se repite desde el primer dueño y el primer obrero, que fue el que plantó los olivos. Son viejas situaciones que tienen difícil arreglo:

> «Olivar de los abuelos,
> qué lío a desenredar.»

Hay vagas alusiones a la necesidad de cantar la verdad, continuando la labor de los que ya lo hicieron así, pero hoy están muertos:

> «La calandria se había muerto
> que no lo quiso ver, no,
> que los olivos plantados
> fueran de un solo señor.»

Pero el ruiseñor toma su relevo:

> «Si tú no puedes cantarlo,
> cantarlo yo he por los dos.
> Si la calandria se ha muerto,
> para eso estoy vivo yo.»

Y todo contrasta con el estribillo que se repite varias veces y culmina la escena, con la negación de la propiedad privada como corolario que se deduce de toda ella:

> «Las aceitunas del olivar
> son del olivo y nada más.»

Este es, en resumen, el episodio que escenifica el tema de la propiedad. Literariamente hablando, el texto queda no sólo como elemental, sencillo, sino también muy flojo. La fuerza teatral nacía de la mezcla del fondo bronco con una representación en la que alternaban lo directo y popular (el narrador) con lo estilizado, propio del cuento infantil o zarzuela mala (las que recogen la aceituna).

2. *Coplas a la vida del borrego* (pp. 48-50)

Se compone este episodio de dos escenas y una canción final.

Cada actor, al aparecer, trae un cubo de madera, con las caras de distintos colores y algunos con letras. Esa es la única escenografía: algo muy sencillo y barato, pero que permite múltiples combinaciones. Por eso, ha sido muy usado por los grupos de vanguardia y ha llegado hasta el *Sócrates* representado por Adolfo Marsillach.

El esquema sintáctico es muy simple y repetitivo, machacón, como los *slogans* comerciales: «Para vivir en el redil...», esto has de hacer.

Lo mismo sucede con el movimiento escénico: al aparecer cada actor, «se oye un sonido parecido al de las escopetillas de los juegos electrónicos. El actor se irá encorvando, hasta llegar a la postura de un oso mecánico». El individuo es como un oso de juego electrónico, con postura y gestos de animal mecánico. Le disparan obligándole a adoptar una postura: eso es, en metáfora teatral, la publicidad.

«Para vivir en el redil,
para vivir siempre feliz,
aprenderás esta lección,
escucharás con atención,
aprenderás esta lección,
escucharás con atención:
Be, ba, be...»

Después de las repeticiones, posee una fuerza elemental, pero eficaz, el *ver* a todos balando: «be, ba, be...».

Como en tantos discursos políticos y artículos de prensa, aparecen los peligros del extranjero:

> «Y la oveja negra
> te querrá enseñar
> que hay otros sitios
> donde ir a pastar.
> Be, ba, be...»

Los peligros de la libertad:

> «Hará una llamada
> a tu libertad,
> mas no le hagas caso
> y aprende a balar.
> Be, ba, be...»

Los mandatos positivos que se dan al espectador son los de obedecer al jefe y no salirse de los límites permitidos, del metafórico «redil».

Después de que siete actores sufren el mismo tratamiento, la escena concluye. Sin que el espectador haya advertido cómo, las letras de los cubos de madera han formado esta frase: «España posee los mejores borregos de Europa»; a la vez que se burla del triunfalismo habitual, aclara que la sátira no es general, sino que va dirigida al aquí y ahora.

Segunda escena: parodia de las *Coplas a la muerte de su padre*, de Jorge Manrique. Nótese, otra vez, cómo las desviaciones se producen sobre textos literarios que todo el público debe conocer, desde la escuela. En pintoresco *collage*, se mezcla la fabla antigua («parescer») con las marcas de relojes y detergentes.

Cambios básicos: — seso → sexo
— la vida y la muerte → te hacen borregos.

Queda así la primera estrofa:

> «Recuerde el alma dormida,
> avive el sexo y despierte
> contemplando
> cómo te hacen borrego,
> cómo en borrego terminas
> y balando.»

Causa fundamental de este aborregamiento y tema de esta escena no es la publicidad, en general, sino la televisión, en concreto. Recuérdese que, en España, es un monopolio estatal; que para casi todo el país sólo existe una cadena única, sin la menor posibilidad de elección, y que son generales las quejas por el exceso de publicidad en este medio.

> «Los borregos son los hombres
> que dan al televisor, que es el balar.»

Paréntesis: según una encuesta del Instituto de la Opinión Pública, oficial, realizada en los años 1973 y 1974, «el 75 por 100 de los españoles ven la televisión todos los días y sólo el 4 por 100 no se acerca a la pequeña pantalla» (*Ya*, 9 de agosto de 1975).

La sátira teatral se amplía luego a diversas publicaciones:

— Novela popular, subliteratura: Corín Tellado, *El Coyote*.
— Revistas femeninas: *Miss, Ama*.
— Periódico popular: el *Pueblo*, de Madrid. Se recita un anuncio de su consultorio sentimental, tomado literalmente, sin exageraciones. Como han declarado los miembros del grupo, «de hecho, había fragmentos, como el de las señoras que solicitan correspondencia a través de las páginas de un periódico, que estaban calcados de un diario madrileño de la tarde» (p. 42).

Este es el ideal masculino que buscan las que han escrito al consultorio: un hombre español, católico, que se case por la Iglesia y haya hecho el servicio militar.

Nótense dos redundancias, que subrayan la importancia del Ejército y la Iglesia. El candidato ha de ser:

— católico y que se case por la Iglesia;
— de cuarenta a cincuenta años y que tenga el servicio militar cumplido.

A la vez, se recitan una serie de *slogans* comerciales verdaderos, de los más difundidos en ese momento por los medios de comunicación. Los autores lo explican así: «Había, pues, una serie de *slogans* que se está acostumbrado a oír infinitas veces y que han dejado ya de tener ningún sentido de gastados que están, y que, sin embargo, *dichos con un determinado tono*, funcionan, por ejemplo, dentro de este *sketch* de la publicidad» (p. 42). Es nuestro el subrayado: no importa el texto en abstracto, muy poco original, sino cómo *funciona teatralmente*, en un momento dado, dicho de una manera especial.

La conclusión es muy clara: el español puede repetir hoy el texto clásico hecho frase proverbial: «vivo sin vivir en mí». Pero ahora, con un sentido muy distinto. Aquí, quiere decir claramente una cosa: está alienado por la televisión estatal y la publicidad. El texto que lo resume está impreso en prosa, pero compuesto, evidentemente, en forma de romance.

«Pues nada, mozuelo, vive,
que si así vives feliz
muy bien decirlo tú puedes:
vivo sin vivir en mí.»

El episodio concluye cantando todos y bailando la canción del consumo. Está formado por cuartetas asonantadas, y la palabra rimante es siempre esdrújula. La peculiar musicalidad de estos versos (los mismos que se usaron para ridiculizar a los modernistas) resulta muy adecuada para la violenta sátira.

El hombre aparece definido, aquí, como la «máquina consumidora». Se repite (¡dieciséis veces!) el estribillo:

> «Producto, consumo,
> éste es el triste tema de esta canción.»

Tanta repetición machacona debe tener una finalidad didáctica (para que la lección entre bien en la mollera del espectador), a la vez que imita los procedimientos de lo que censura: la propaganda.

Aparecen ahora otros factores alienantes: el fútbol y las quinielas:

> «Queda en último término
> lo del salario mínimo
> con el Madrid-Atlético
> y el juego quinielístico.»

Las corridas por televisión:

> «Hoy televisan íntegra
> la corrida benéfica.»

Con eso, el pueblo se olvida de sus verdaderas necesidades:

> «Y así se explota al prójimo,
> prójimo y primo práctico.»

Conclusión: en esta sociedad, el prójimo es un primo. Desde arriba, se toma el pelo a la gente usando los poderosos medios de la publicidad y las diversiones populares.

3. *Reinar después de morir* (pp. 50-52)

Este episodio utiliza el título de una comedia clásica española, que a todo el mundo le suena, para hacer la parodia de un programa lacrimógeno de Televisión Española: «Reina por un día». Y se utiliza algún recurso propio de otro programa de la misma televisión: «Esta es su vida».

Está escrito todo él en prosa, salvo la canción final. El desarrollo corresponde, aproximadamente, al usual en el concurso, con dos momentos:

— inicial: lectura de la carta de una concursante;
— central: la pareja vencedora.

El clímax se alcanza al coronar a la muerta, como se hacía en la obra de Vélez de Guevara con el cadáver de Inés de Castro. Y la cancioncilla final expresa la moraleja.

Como en el concurso, actúan dos presentadores, hombre y mujer. Bajo el nombre del locutor Darío Palé, el público del teatro reconocía fácilmente la figura celtibérica del presentador en televisión, Mario Cabré: ex torero, poeta, don Juan oficial español (el país entero se había llenado de orgullo por sus amores con una belleza internacional como Ava Gardner) y, al final de su carrera, modelo masculino.

En el teatro, el locutor emplea los tópicos habituales. En sólo tres líneas, repite dos adjetivos: «noche inolvidable..., velada de ensueño..., barrio antiguo, inolvidable, de ensueño».

No era difícil realizar la parodia de un programa así. Además de la cursilería formal, los componentes de *Castañuela* se centraron en el mundo —tan significativo socialmente— de los sueños femeninos. No halagaban al público, a los concursantes habituales, sino que mostraban su alienación. Se leía la carta de una «madre de doce hijos y espero el treceavo que, por la enfermedad que padezco, no sé si podré dar a luz». Con típica retórica idealista, el locutor repetía los tópicos de siempre: «Sí, señoras y señores, esto es lo que nuestro concurso necesita: fe, una fe por encima de este mundo, una fe por encima de lo material». Y proclamaba después: «mujeres como usted son las que hacen falta».

El nombre de la concursante es significativo: doña Consolación... La moraleja está clara: para disfrutar como un rey hace falta... ser pobre y estar muerto. El premio, por tanto, llega después de muerto.

Esto es lo más importante, si reflexionamos un poco, aunque lo más espectacular, teatralmente hablando, fuera el vals que baila el locutor con la muerta o el reencuentro inesperado de un padre y su hijo, conforme al viejo recurso del folletín, actualizado y hecho realidad en los programas de televisión aludidos. No faltaban tampoco rasgos satíricos sobre la trivialización de la muerte en nuestro mundo (peluquero, entierro de lujo, «globos para los pequeños»), igual que en muchas obras literarias contemporáneas. Por ejemplo, *Los seres queridos*, de Evelyn Waugh, o un cuento de *El jardín de las delicias*, de Francisco Ayala.

Al final, desfila el ataúd, entre los acordes de la canción que altera un conocido *slogan*:

«Viva la vida con sexi.
Pero si no la ha vivido,
reinar después de morir.»

Este *sketch* posee una línea menos definida que el anterior. Se queda en la parodia de un programa televisivo, criticando el hacer espectáculo de los sentimientos, la falta de respeto al individuo. Y apunta la parodia de unos sentimientos religiosos (o de su intencionada utilización política) que retrasan las ilusiones de una vida mejor para el otro mundo.

4. La caída del imperio romano (pp. 52-53)

Seguimos en el terreno paródico. Ahora, de las representaciones teatrales con romanos «de sábana» o de las películas históricas. El título está tomado de una de ellas, una superproducción con la que un productor yanqui, Samuel Bronston, conmovió el ambiente cinematográfico español (muy cerca de Madrid instaló sus estudios) antes de llegar a la suspensión de pagos.

Los versos iniciales del narrador son muy malos:

> «La Roma de los Césares,
> de Augusto y de Pompeyo,
> la de invictas legiones,
> de fasto y esplendor...»

Lo salva el contraste con el coro de las *girls*, al estilo de la revista.

El meollo del asunto es que los nuevos bárbaros que amenazaban «la Galia, la Hispania y la Germania con los símbolos de su nueva civilización», son los yanquis. El jefe bárbaro es un estratega que rinde culto a su dios, el dólar. Trae con él a una esclava, «hippy pero honrada», que trabaja al servicio de la CIA. Por eso, el joven príncipe romano saluda al emperador —aunque no lo diga el texto— con la música de *Hello, Dolly*:

> «*Hello, father,*
> ¿cómo estás, *father*...?
> Cuánto tiempo desde
> que salí de aquí.»

Estilísticamente, usa como recurso habitual el ripio (rimas en -ante, en -ado), como en el teatro escolar y paródico, que lo hereda del dramón romántico.

Momento de máximo interés: la alusión muy clara a los tratados con Estados Unidos, que quitan la libertad al pueblo español. ¿En qué obra de teatro española, por estos años, ha salido eso de una manera tan viva? Aquí, los bárbaros triunfantes obligan a los romanos a:

> «firmar una alianza
> a mi pueblo condena
> a arrastrar eslabones
> de una dura cadena.»

El público —lo recordamos bien— estallaba en risas y aplausos.

En toda la parte final del *sketch*, todos los personajes se limitan a repetir «la, la, la». Es un truco que pronto se hará habitual para indicar a los espectadores la intervención de la censura.

En efecto, los actores aclaran que el cuadro, «que es uno de los últimos, está mucho más estudiado, incluso las luces, el coro de las tres mujeres que aparecen y desaparecen...» (p. 43). Nada de eso queda aquí. Y el crítico de *Arriba*, Carlos Luis Alvarez, lo confirma: «Este cuadro, que parecía tener mayor fuste, quedó reducido a lo más leve, debido a forzosos recortes ante los que el público reaccionó con enormes ovaciones, porque el público no es tonto».

Según el plan inicial, éste debía ser el cuadro que supusiera la crítica al imperialismo. Para eso, tal como está, se queda muy corto, como una broma escolar sobre los romanos, salvo los dos puntos de interés: la escena de revista y la alusión a los pactos con los Estados Unidos, que hacían rugir de entusiasmo al público «progre». En este caso, la famosa tijera había trabajado demasiado.

5. *Hablando se entiende la gente* (pp. 53-55)

Es éste uno de los episodios más largos. Consta de cuatro escenas: dos dialogadas y dos cantadas.

El título es, esta vez, una frase popular, un tópico. Se refiere, sobre todo, a la primera escena. Y quiere indicar lo contrario: la falta de auténtica comunicación. Dialogan dos señoras de la buena sociedad. Son diálogos insustanciales, pura fórmula social.

La escena empalma con la tercera. Siguen dialogando las dos señoras. Aparecen, ahora, un niño y un perro, representados los dos por actores que andan a gatas. Ni los dos personajes ni el público logran distinguirlos, saber de verdad cuál es el perro y cuál es el niño. Este, a los diez años, está muy adelantado para su edad, pero el perro está más adelantado que el niño. La escena posee una gran fuerza teatral, mostrando plásticamente la idiocia de cierta burguesía.

El grupo es duro en su autocrítica de esta parte: «Hasta el último momento, algunos de nosotros pretendíamos que toda la parte del *sketch* ionesquiano del perrillo fuese eliminada. Lo que pasaba con este fragmento, que algunos han tachado de surrealista, era que no encajaba, como tampoco encajaba el de los olivareros, tal vez porque los dos eran más redondos literariamente». Por eso, las dos canciones nacieron, «exclusivamente, para, de alguna manera, acabar con aquella parodia que no tenía ningún sentido» (p. 42).

Demasiado duro nos parece esto. En primer lugar, la escena funcionaba escénicamente a las mil maravillas: el público se reía mucho y comprendía su intención. Porque la tiene, no cabe duda. Aunque parta del absurdo, utiliza símbolos sencillos, plásticos, fácilmente comprensibles: la verborrea vacía de dos señoras, el niño y el perro idénticos, a gatas por el escenario... Parece claro que se trata de un absurdo con finalidad crítica. En efecto, no faltan las referencias a las revistas femeninas, los trajes lujosos, las fiestas de caridad, la educación de la buena sociedad en los colegios religiosos, «los mejores colegios del país».

En general, abundan las referencias en todo el *sketch* al modo de vivir en España el erotismo, desde la niña tonta, que tiene ligues mientras es progre con coche, pero acaba casándose con un notario, a los *flirts* de las señoras con un *gigoló* o al conde que

> «de una forma harto grosera
> pellizcó a una camarera
> sin ninguna precaución».

En este contexto puede entenderse la parte final de la escena del niño y el perro, muy incompleta en el texto. Los dos, sucesivamente, «molestan» a la señora de López, según dice el texto. Lo que no aclara es que estas «molestias», en la representación, tenían un claro significado de ataque sexual, del erotismo reprimido de un idiota que explota en cualquier ocasión.

Recordando su juventud, las dos señoras de la buena sociedad cantan su canción: «la niña tonta de papá rico». Aquí, los Tábanos satirizan también (por vez primera y quizá única) a una parte posible de sus espectadores: la «progresía» superficial, pasajera. Las ilusiones de la niña «progre» se pasan pronto, y recae en la burguesía, lo mismo de su mamá.

«La niña tonta ya es respetable
y ocupa un puesto en la sociedad,
y pronto es madre de niños tontos
y niñas tontas como mamá.»

¿Harán algo distinto sus hijos, el día de mañana? ¿Cambiará esto alguna vez? El pesimismo es muy semejante al de la canción *Little Boxes*, de Pete Seeger (uno de los maestros de Las Madres del Cordero, no lo olvidemos): todos somos como cajitas de distintos colores y la sociedad nos va colocando en el lugar adecuado, después de someternos a todas las adaptaciones exigidas.

En todo el *sketch* es muy importante el lenguaje puesto al día:

— términos americanos: *boy-friend, in, darling...*;
— nuevo lenguaje de los jóvenes: «fardar», «pasta», «vacilar», «ligue»...;
— clichés lingüísticos de la buena sociedad. Muchos adjetivos tópicos, con adverbio de modo: «verdaderamente maravilloso», «espléndido», «realmente encantador», «realmente delicioso». Expresiones que se repiten mil veces: «gracias», «por favor».

2. Por favor, ¿toma usted el té con leche?
1. Sí, por favor. Justo una gota.
2. Por favor, ¿azúcar?
1. Sí, por favor. Gracias.

También se repiten los adjetivos «original», «amable», «elegante». Las frases están llenas de tópicos: «El perro es un gran amigo de los niños», dice una señora. Y la otra le contesta: «Ciertamente. Los perros y los gatos no se llevan tan bien.» O: «¡Qué tiempos aquéllos!»; «hace un tiempo maravilloso, ¿verdad?». El espectador reconoce una serie de frases que martillean sus oídos en la vida diaria y ve que la conversación podría seguir así varias horas.

Varias veces aparece también el tema de las fiestas benéficas. El lenguaje banaliza lo que puede ser más serio: «A mí la campaña contra el cáncer me chifla.» Y esto desemboca en la canción final, que ridiculiza la caridad social de los ricos. Todas las frivolidades de la fiesta benéfica se hacen, según el estribillo,

«a beneficio de los huérfanos, los huérfanos,
y de los pobres de la capital».

La idea no es original y el texto no posee especiales cualidades literarias. Sin embargo, con su estribillo rápido, la música, la mímica y el baile, daba lugar a un espectáculo verdaderamente animado. El público juvenil, favorable a las ideas, participaba también en el jolgorio y la diversión. Así, pues, desde las damas de buena sociedad al niño-perro y las canciones, era un *sketch* verdaderamente teatral.

6. *La familia que está unida, permanece unida* (pp. 56-57)

Esta vez, el título parodia una campaña popular religiosa, de origen —creemos— norteamericano: «La familia que *reza* unida, permanece unida». En ella, dirigieron el rezo del rosario familiar figuras tan típicas españolas como un torero, Antonio Bienvenida, y un psiquiatra de la situación, López Ibor. Al cambiar, aquí, una palabra, la frase se convierte en una pura repetición sin sentido.

El tema es la sátira feroz de la familia, que sólo aparentemente está unida. Pero, en seguida, los espectadores vieron —y no se equivocaron, nos parece— una alusión a la

gran familia nacional, al inmovilismo político español. Esto
es lo que desencadenó el mayor éxito, las grandes carca-
jadas.

Otra vez aparece la televisión. Ahora, la retransmisión de
un partido de fútbol crea el ambiente familiar.

Oímos una parodia de una típica retransmisión, alteran-
do un poco los nombres: Real Mabí por Real Madrid y
San Martín por Chamartín, su estadio. Otro cambio más
importante: en vez de alineación, alienación; el partido se
refiere, en realidad, a la situación del pueblo español.

Como otras veces, se parodian refranes («a cerrojo rega-
lado no le mires el diente») y se observan satíricamente los
latiguillos coloquiales. Ahora, al responder a una pregunta
de la televisión: «Bueno, yo creo que sí. Bueno, estoy seguro
de que sí.»

La retransmisión es una sátira política sencilla, pero de
gran eficacia teatral. En este equipo no hay izquierda; sólo
derecha. Todos pasan al extremo derecha, y éste centra al
otro extremo derecha. Finalmente, uno de los varios extre-
mos derecha es el que avanza y tira a gol. Esto que parece
tan inocente, no lo era tanto: en 1970, en un escenario comercial madrileño, no se había denunciado el auge de estos
grupos con tanta claridad. (Quizá esto fue una de las causas
de los incidentes que culminaron con la suspensión de la
obra.) A la vez, el ritmo frenético de la retransmisión de-
portiva subrayaba el humor —humor negro, desde luego—
de la escena.

Viene después la canción familiar dirigida al hijo joven.
Esta es la lección básica:

> «Muchacho, no pienses tanto,
> que te vas a desgraciar;
> cuanto menos pienses, macho,
> más alegre vivirás.
> Vive deportivamente...»

Así, pues, el *sketch* presenta a la típica familia tradicional española como otro elemento alienante, junto a la te-

levisión. Se sacan de su contexto o cambian de sentido algunos *slogans* oficiales: «Vive deportivamente», «trabaja, pero seguro», «lo importante es participar»... Se vuelve a la misma temática del cuadro de los borregos: no te preocupes por las guerras, obedece, lee el periódico deportivo...

El cuadro concluye con la escena de la tormenta. El hijo joven denuncia: «esto parece que se tambalea», ha caído un trueno, ha empezado a llover...; los padres se niegan a ver la realidad. Recitan refranes conservadores: «A las diez, en tu casa estés...» «Una vez al año...» «La mujer, en casa y con la pierna quebrada.» Declaman versos románticos: «Con diez cañones por banda...» Intentan abrir el paraguas, que está oxidado... Todo sirve para enmascarar con palabras la realidad teatral innegable, que los espectadores están viendo, de que el barco se hunde.

El padre acumula la usual retórica triunfalista: «Ahora, cuando mejor estamos, dices que esto se tambalea (...). Esfuérzate durante toda una vida, que luego unos mocosos inconscientes vengan a alterar el orden, con sus razonamientos irreverentes. ¿Qué es lo que queréis? Si os hubiera costado lo que a tu madre y a mí nos ha costado salir a flote... Pero no, vosotros no habéis tenido más que facilidades. En mis tiempos os querría haber visto.» La capacidad de los Tábanos para la imitación irónica queda claramente demostrada. El público percibía en seguida que de la familia (propósito inicial aparente) se había pasado a la situación general del país, con el conflicto entre las generaciones que hicieron la guerra y las posteriores. Los espectadores juveniles, desde luego reaccionaban con entusiasmo ante la parodia de este tipo de razonamientos, que conocían por propia experiencia. Y, mientras tanto, veían cómo el barco seguía hundiéndose.

7. *Amor a la española con cebolla* (pp. 57-58)

Se trata de un experimento literario interesante. Toda la escena se reduce a una canción de seis estrofas, con este estribillo, que se repite siempre al final, con variaciones:

«Todo se compra,
todo se vende,
todo se vende,
todo se compra,
todo pasa la factura.»

En otras palabras: en nuestro mundo no hay valores fijos, sólidos, seguros; las cosas han perdido ya su valor de uso y quedan reducidas al mero valor de cambio, a lo que den por ellas.

Las distintas estrofas son todas monorrimas, con rimas internas también. Se trata de enumeraciones aparentemente caóticas, con dos elementos por verso, en las que todos los términos riman en consonante. En medio de la aparente locura, junto a términos puramente inocuos, hay otros que son muy intencionados. Recordemos algunas parejas:

— la tortura, la impostura;
— la futura vividura (en un sentido sencillo y directo, no en el que le da Américo Castro);
— la locura, la cultura;
— la rebeldía, la amnistía;
— la hidalguía, la sodomía;
— la alienación, la opción a la información;
— la autoridad, la necedad;
— la tolerancia de la impotencia...

Etcétera. Es como si disimularan, en un cesto repleto de cosas variadísimas, aquellas cuya presencia más les interesa. La impresión general es de caos, de un mundo donde todo se falsea, se tergiversa, se disimula; en definitiva, se vende.

Coda final, que concreta la alusión celtibérica. Al darse la vuelta al panel que sirve de decorado, representa un tendido de una plaza de toros. Y el coro recita tres frases tradicionales de lo que Carandell llama el «Celtiberia Show». Son éstas: «Pero el cariño verdadero, ni se compra ni se vende.» «Porque la española, cuando besa, es que besa de verdad.» «Viva el amor a la española, con cebolla.»

La transición ha sido brusca. De la enumeración literaria hemos pasado al *collage* de frases tomadas de canciones populares, folklóricas. Aparece aquí esa especial sensibilidad que nos ha llevado a varios, últimamente, a ocuparnos de la subliteratura hispánica y sus mitos latentes. Frente a la realidad, las frases retóricas quedan calificadas implícitamente de pura palabrería.

Así, hemos tomado contacto, pero muy de refilón, con el tema anunciado en el título. Si no recordamos mal, en la representación se avanzaba más por este camino. Una frase especialmente, en el diálogo de dos novios («¡Ay, Pepe, eso no!») suscitaba la hilaridad general y culminaba la crítica de una moral casuística, hipócrita.

8. *Don Alvaro o la fuerza del sino* (pp. 58-59)

Una vez más, se utiliza un título bien conocido: el del drama romántico del duque de Rivas. Contrasta el título ilustre con la canción *camp*, sentimentalona (la letra no figura en el texto):

«Están clavadas dos cruces
en el monte del olvido,
por dos amores que han muerto,
que son el tuyo y el mío.»

Las películas de Summers han vuelto a poner de moda, en los últimos años, este tipo de canciones: *Dos cruces, Mirando al mar...*

El drama romántico aparece representado en forma de folletín o serial radiofónico: «Capítulo ciento veinte. Resumen de lo publicado. Don Alvaro, por causas del destino...» Como en el serial, alternan el narrador con los ruidos de fondo: «Viento, rayos y truenos»...

La ley general de este episodio es el contraste. La palabrería retórica del protagonista: «¡Muerte y exterminio! (...), tu inicua sangre (...) huyendo del mundanal ruido», contrasta con el ritmo del pasodoble *El gato montés*. El duelo con clarín de muerte, como si fuese una corrida de toros, supone una crítica muy teatral y plástica del machismo.

La romántica exasperación de los sentimientos se desborda en exclamaciones: «¡Cielos...!» «¡Dios mío...!» «¡Santa Madre de los Angeles...!» «¡Mis manos tintas en sangre..., en sangre de Vargas!» El coro aflamencado se limita a apostillar irónicamente: «¡Ele!»

Los mitos se degradan: la misteriosa mansión donde está escondida doña Inés, la puerta que nadie puede franquear tiene escritas las iniciales WC. En el momento del clímax, al volver a ver a su amada, don Alvaro se limita a responder: «¡Psch!» La broma surge de que el texto (bastante cercano al de Rivas, pero en prosa) y la acción teatral se dan literalmente de bofetadas. Por ejemplo, don Alfonso recrimina con nobles palabras a su hermana..., a la vez que le coge un pecho. Ella muere en escena. Brusco anticlímax: «¡Cucú, cantaba la rana!»

La escena se completa con la parodia de otro ilustre modelo literario: «Lo que se piensa al morir», de Campoamor. La escéptica sabiduría del posromántico deshace los aspavientos hinchados del drama romántico. Todo —desesperación, amor, muerte, gloria— se reduce, en definitiva, a esta canción:

«Cucú, cantaba la rana;
cucú, debajo del río.»

Este *sketch* no tiene, pues, sentido político. En todo caso, sirve para deshinchar una serie de cosas:

— el amor romántico;
— la palabrería altisonante;
— el machismo orgulloso, aristocrático.

Y, quizá, muy poca cosa más. Sin embargo, como ya hemos dicho, la fuerza del espectáculo, en su conjunto, era tan grande que muchos espectadores creyeron ver también aquí motivaciones de sátira política.

Apoteosis final

El espectáculo termina como una revista barata. La acumulación de elementos escenográficos busca dar la impresión de que la compañía ha querido «echar el resto».

Aquí lo importante, ante todo, es el juego teatral. Sobre el pantalón vaquero que han llevado a lo largo de toda la obra, los actores se han vestido de flamencos: ellos, con sombrero y chaquetilla; ellas, con peinetas, mantillas, abanicos y batas de cola. El efecto de ver aparecer los pantalones vaqueros por debajo de las mantillas y las cortas batas de cola, era algo verdaderamente siniestro, que deshacía toda la aparente espectacularidad folklórica.

Al fondo, una gasa llena de lentejuelas deja ver una gran castañuela, el símbolo triunfante de la obra. Después, aparece —un tópico más, hecho presencia teatral— la Giralda, rodeada de flores enormes, tan altas como la torre. Y, con la música adecuada, hace su aparición triunfal la supervedette, como en el Casino de París, bajando solemnemente por una escalera. Lleva también abanico y mantilla, y una gran bata de cola, mucho mayor que las del coro. Como una estrella folklórica, baja despaciosamente, abanicándose y lanzando sonrisas —quizá besos— al querido público. Pero, en este caso, la espectacular vestimenta no oculta que se trata de una chica joven, nada flamencona —quizá universitaria— y más bien delgadita. La parodia de la revista folklórica estaba tan lograda que, normalmente, había que repetir el número de la aparición de la supervedette.

Y, al final, el lujo aparatoso se transforma en burdo panel, como de barraca de feria. Los actores asoman su cabeza (como en los puestos de los fotógrafos) sobre unos monigotes pintados, los personajes que resumen el espectáculo celtibérico: un futbolista, un torero, un burgués en su coche, una gitana, un bailador, un cura y una monja.

Lo importante de todo esto ha sido el efecto plástico de conjunto: la sucesión de decorados, los trajes de guardarropía, los desplantes gallardos de los muchachos, los contoneos y sonrisas falsas de la supervedette, los torpes bailes de las chicas del coro, la falsedad radical de toda la escena y su referencia irónica a tantos espectáculos que todos hemos visto.

Pero, a la vez, todos cantan una canción. Su letra no es superflua. Se repiten, una vez más, los tópicos patrioteros, como en las canciones de Manolo Escobar o Lola Flores:

> «Porque nos tienen envidia
> nos critican desde fuera.
> Vale más una española
> que quinientas extranjeras (...).
> Que viva el turismo,
> que viva el folklore,
> castañuelas y guitarras,
> así se vive mejor.»

Pero asoma también, de modo muy claro, la visión irónica del inmovilismo político, que ha sido uno de los meollos fundamentales del espectáculo:

> «Y a pesar de todo,
> todo sigue igual,
> si se vive bien,
> para qué cambiar.»

La lección final no es optimista. Cuando los espectadores aplauden, hay preparada una copla que resume todo el espectáculo.

> «Mucho nos hemos reído
> y estuvo muy bien la risa,
> pero si se queda en risa...
> ¡ay qué risa, tía Felisa!»

Laín Entralgo se fijó especialmente en estos dos versos finales. En efecto, hemos asistido a un espectáculo gracioso, juvenil, desenfadado: esencialmente teatral. Pero en su fondo había una almendra didáctica: el bienestar económico ha afianzado el inmovilismo político. Para los pobres, la esperanza es la quiniela. Horror a las democracias, que «siempre acaban en desgracia». El turismo y el folklore contribuyen a crear una nueva España de pandereta. *Castañuela* quiere que el espectador, al salir del local, haya tomado conciencia de todo esto; que el teatro no se haya quedado en teatro, sino que suscite el deseo de cambiar la vida nacional.

Castañuela 70 es una obra de intención popular (en esto coincide con *La camisa*, por ejemplo). Pero no sólo por el tema, también por la forma: espectáculo dividido en *sketchs*, mezcla de recitado y música. Por supuesto, como ya hemos dicho, el modelo para esta estructura es la revista musical, alterada su finalidad. No hay que olvidar, junto a esto, la creciente importancia de la canción como vehículo para transmitir contenidos ideológicos —recuérdense las poesías, cantadas, de Antonio Machado, Alberti o Miguel Hernández— a amplios sectores del pueblo. Es también popular el espectáculo por la búsqueda de un nuevo público.

Utiliza como procedimiento habitual la alusión a lo ya conocido, en forma de mimetismo, parodia, crítica implícita. Por eso, diríamos que en el espectáculo hay mucho «guiñar el ojo» al espectador avisado, hay muchas cosas que no captará el que no está en el ajo. Y caben malas interpretaciones, como ya hemos visto.

Es ésta —creemos— una obra para espectadores españoles. Muy difícil sería que la entendiera correctamente un extranjero. Ni siquiera un profesor de español, que domina plenamente el idioma. La referencia a los contextos de la España contemporánea es constante. Por eso coinciden, en el espectáculo, críticas a muy diverso nivel.

Obra de intención popular, sí; pero que utiliza muchos recursos cómicos que sólo parecen perceptibles para un espectador medianamente culto; por ejemplo, la transformación burlesca de obras literarias clásicas. Comparándola con *La camisa*, ésta resulta mucho más directa y sencilla. Por la frecuencia de alusiones culturalistas, *Castañuela* hace pensar, a veces, en una obra de estudiantes universitarios; quizá, incluso, de Filosofía y Letras.

El espectáculo busca una finalidad política por la vía del humor, sin seriedades pedantes. La fórmula no sólo es teatralmente eficaz, sino que posee también otras ventajas. De este modo, se puede pasar censura con más facilidad. A la vez, criticar en broma lo serio puede servir para mostrar lo irrisorio y grotesco de muchas actitudes sociales o políticas.

En esta obra colectiva, sin autor, el texto es sólo un punto de partida para el espectáculo total. Aprobado el texto, la puesta en escena intentará darle más mordiente. Por eso resulta tan difícil analizar la obra a partir del puro texto. La cosa se complica más porque la tijera censora mutiló gravemente algunos cuadros (el de los romanos, por ejemplo), dejándolos casi sin sentido. Y porque, si la memoria no nos falla (creemos que no), vimos más cosas y oímos más frases, en el teatro, de las que da el texto publicado.

El grupo Tábano enfocó el problema del teatro popular sin fetichismos ni beaterías culturales. Partió de que existen unas formas teatrales popularmente aceptadas y que responden a unas estructuras ideológicas, sociales, políticas, etcétera. Su tarea consistió en utilizar esas fórmulas, pero inyectándoles un contenido distinto y aun opuesto. Se alcanza, así, la revista musical política. Eso enlaza con (pero no deriva de) el cabaret alemán o catalán. Y ha tenido muchos continuadores: *Charly, no te vayas a Sodoma;* los *sketchs* de Pedro Ruiz (el *Ruiz-señor* de los títulos), el café-teatro...

Algunos han acusado a la obra de poca profundidad, y sus componentes no lo han negado. En efecto, ciertos momentos tienen algo de función de colegio. Pero no hay que desdeñar el papel renovador de ese teatro cercano a los estudiantes, en todo el mundo. Recordemos, por ejemplo, el *Macbird* norteamericano, parodia del *Macbeth* clásico que, durante la presidencia de Johnson, le atribuía a él y a su mujer —la llamada Lady Byrd— responsabilidad en el asesinato de John Kennedy.

Pero lo más importante —nos parece— no es la profundidad de los textos, sino la teatralidad del espectáculo. Aquí, sí, *Castañuela* era un éxito rotundo, con independencia de que unos chistes tuvieran más gracias que otros. El espectáculo funcionaba perfectamente sobre un escenario, con un ritmo vivo y desenfadado muy apropiado para lo que allí se decía. Hasta la falta de profesionalidad de los actores ayudaba a ello, en este conjunto afortunado. El público se reía, comentaba las alusiones, no decaía ni un momento su atención. Y, conforme a las leyes inmortales de la sátira, la diversión le hacía tragar con facilidad la píldora. Los Tábanos y Madres del Cordero, tan poco respetuosos con la cultura tradicional, ¿no se reirían si oyeran que, a su modo, seguían practicando el precepto clásico de *docere et placere?* Sin pedanterías, la calidad teatral del espectáculo era su baza máxima.

La obra se llamaba *Castañuela 70.* Insistamos en esto: obra circunstancial, histórica, del «aquí y ahora». En su título llevaba incorporada —y no por capricho— una fecha. Siete años después, por ejemplo, una *Castañuela* 77 sería, desde luego, muy distinta. (¿Sería posible? La imaginación se echa a volar: sucesión, partidos, referéndum, período constituyente... Pero ésta es, evidentemente, otra historia.)

Castañuela 70 conectó con una sensibilidad nueva, de público joven. Desde un punto de vista histórico, esto —creemos— es lo más importante. Esta crítica ya no corresponde al tono de la literatura «social» de los años cincuenta. Lo nuevo no es tanto el mensaje como el tono, el sentido del humor: ironía, desgarro, cinismo; o, como ellos dicen, cachondeo. Después se pondrá de modo hablar del «desmadre».

Desde este punto de vista juvenil, nos encontramos con la desesperanza: «a pesar de todo, / todo sigue igual». Pero también con la necesidad del cambio: «pero si se queda en risa... / ¡Ay, qué risa, tía Felisa!». En todo caso, queda un humor que corroe los cimientos de muchos falsos valores.

Como en tantos otros sectores, esta nueva sensibilidad juvenil es paralela a muchos fenómenos mundiales, pero posee especiales particularidades en España, por todo lo que tenemos todavía de «diferente». Se trata —no lo olvidemos— de una españolísima, celtibérica *Castañuela.*

Por eso parece un buen final para este libro: como muestra significativa de los cambios que se están produciendo, estos últimos años, en el teatro, en el público, en la sociedad española.

FRANCISCO NIEVA:
PROPUESTA ESCENICA PARA
«Castañuela 70»

Influencias indirectas de este espectáculo comunitario, réplica española de un teatro juvenil e independiente, crítico y burlón, cuyos precedentes más inmediatos podrían ser un cierto *underground* americano, son en realidad el cabaret vienés y el espectáculo de *chansonniers* francés. Lo indirecto de tales influencias se justifica por el nivel incompleto de información por parte de los jóvenes actores y escritores que formaron el núcleo de la empresa, a pesar de demostrar el instinto y la capacidad de asumir un estilo implícito en «el aire del tiempo». Por estos años, espectáculos de parecida índole fuéronse dando en Francia y en Italia, como reflejo del *underground* americano, que por otra parte devolvía a Europa algo que entre europeos tuvo verdadera entidad antes y después de la guerra del 14. No cabe duda de que Brecht funda parte de su estética en las rupturas irónicas y críticas del cabaret vienés y también evidentemente en la intención y la plástica del *music hall* de inflexión berlinesa antes de la aparición del nazismo y aun después.

Nos devuelve América una visión completamente degradada, pero es América por la hegemonía económica y cultural de posguerra la que lo hace. De otro modo, la agotada Europa no hubiera recibido la inyección más bien estimulante de unas propias fórmulas agotadas por el devenir histórico y que reaparecen entre nosotros con un valor casi de sorpresa, pues la reciben generaciones nuevas que, por las mismas circunstancias, han pretendido romper con el pasado. Pasado con el que nunca se rompe.

Se da, pues, el caso de que el *sketch* revisteril aparece grávido de intenciones críticas oposicionistas, densas y aun profundas, oportunamente, estrictamente aplicables a una actualidad, tal y como en otro terreno —evasión y alusión del humorismo— venían haciendo desde hacía algún tiempo en España las revistas jocosas del género de *La codorniz*. La meditación realista, serena y objetiva resultaba absolutamente prohibitiva. Imposible de practicar. *Castañuela 70* inauguró una modalidad a la cual el paso del tiempo ha quitado efectividad y virulencia. Difícil es de reproducir semejante estado de espíritu sin caer en anacronismo. A mi entender, la tendencia se prolongó en muchos casos más allá de sus necesidades y ha dado al teatro independiente español un carácter posterior que le sitúa a un sensible nivel inferior a la evolución con relación a otras empresas paralelas en diferentes lugares de Europa y América.

No obstante, *Castañuela 70* significa un pequeño hito en la evolución lenta de nuestra escena en los años de dictadura y paternalismo. Su reacción e intención podemos llamarla en cierto sentido «contracultural» si tenemos en cuenta la clase de «cultura» contra la que reacciona.

La contracultura propone siempre una contraestética y, por ende, justifica un cierto «feísmo», una voluntaria deformación, un tremendismo que también caracteriza una parte del expresionismo que, como escuela formal, aparece en Europa en otros momentos críticos de evolución. No hemos sino de ver los acidularios dibujos de Grosz y otros caricaturistas de su época.

En los últimos años hemos podido comprobar la voluntaria deformación expresiva de las historietas dibujadas en el *comic underground*: infantilismo, feísmo, provocación...

La estética escénica de *Castañuela* permanecerá siempre eslabonada a su tiempo, pues su propio texto no se presta a la ambigüedad. La contraestética contracultural de *Castañuela* no permite otra interpretación: demistificación y desmitificación de lo «popular» como convención burguesa, e igualmente de cualquier otro concepto de dignidad y respetabilidad. Su final, como burla de la revista popular española, apoteosis de un subgénero, es un interesante documento escénico.

La revista frívola, en su mejor expresión, intenta hacerse eco de la moda en todos los terrenos, sobre todo en el visual. Pretende la elegancia, el *chic*. Apunta a una forma o fórmula plástica del hedonismo. *Castañuela* tiene necesariamente que rechazar esta actitud, todo apunte de estilización elegante, de vulgarización de lo «moderno» como categoría respetable. Y, por el contrario, es denunciadora de lo vacuo, de la aspiración sensual fallida. La carnavalada elegante se transformará en algo que, para mejor entendernos, habrá de emparentarse en España con la «charlotada taurina», degradatoria de la fiesta de los toros, o de la «murga» gaditana, degradatoria —pese a sus intenciones críticas— de lo coral-musical. Será, pues, una carnavalada patética, llevada cuanto sea posible a la imagen de la frustración. Por ello *Castañuela* llegó a emparentar ligeramente con el «caprichismo» goyesco y la deformación valleinclaniana o quevedesca, si bien —voluntariamente— con menos pretensiones de «estilo». Es teatro del ridículo a la española, como respuesta un tanto posterior a un teatro del ridículo aparecido en Norteamérica, a su vez intérprete de añejas influencias europeas. Ello no es más que evidente en el curioso resumen que nos ofreció en su día la comedia musical *Cabaret*.

Pero *Castañuela* rechaza este tipo de resumen estético y añorante. Requiere el brochazo hiriente, la pura «desestilización». Es espejo degradatorio de una realidad que se rechaza radicalmente. Nada viene estéticamente a propósito sino en forma de «despropósito».

Es preciso insistir sobre esta noción para comprender cuál habría de ser la interpretación más justa de este crítico *charivari* en relación a su puesta en escena. No admite el «experimento» estético sino como explosivo de tabla rasa. No es fácil puntualizar por qué Goya o Solana no ilustran o subrayan del todo el propósito de *Castañuela*, infinitamente más radical. Queda suprimido todo trasfondo lírico. No es un *Entierro de la sardina* con sus crepusculares frondas ribereñas del Manzanares, ni un *Lechuga y su cuadrilla* con el vencido castillo pueblerino de forillo, sino algo menos o algo más, según se le entienda. Es el chiste puro por la vía de lo impuro, ocasional, improvisado. Volvamos a decir que es la frustración, exacta intérprete de la intención crítica que la obra se señaló como propósito, en realidad de la forma más consciente que nunca se hizo en España desde un escenario. Y de ahí su acierto, aun contando con sus debilidades formales. Sería fácil restaurar su escenografía con materiales de deshecho, es decir, materiales en degradación. No es, por supuesto, el llamado *kitsch* ni lo *camp*, por entender con términos más polivalentes la idea que nosotros tenemos de «lo cursi». No es lo cursi, categoría degradatoria pero de origen burgués. Como tal fenómeno contracultural, es también anticursi. Su ambición es más general y profunda si consideramos a *Castañuela* con seriedad. Es asoladora de un terreno ya baldío, una vindicta desintegradora.

Bibliografía básica

En esta bibliografía nos hemos limitado sólo a libros que sean de fácil acceso y de conjunto, no estudios particulares sobre un autor.

Francisco Alvaro, *El espectador y la crítica*, recopilación anual de críticas y datos, varios volúmenes, Eds. Escelicer y Prensa Española.

J. P. Borel, *El teatro de lo imposible. (Ensayo sobre una de las dimensiones fundamentales del teatro español contemporáneo)*, Madrid, Ed. Guadarrama, 1966.

Ricardo Domenech, *El teatro hoy*, Madrid, Ed. Cuadernos para el Diálogo.

Diego Galán y Fernando Lara, *Dieciocho españoles de posguerra*, Barcelona, Ed. Planeta, Col. Biblioteca Universal, 1973.

Luciano García Lorenzo, *El teatro español hoy*, Barcelona, Ed. Planeta, Col. Biblioteca Cultural RTVE, 1975.

Francisco García Pavón, *Teatro social en España*, Madrid, Ed. Taurus.

Juan Antonio Hormigón, *Teatro, realismo y cultura de masas*, Madrid, Ed. Cuadernos para el Diálogo, 1974.

A. C. Isasi Angulo, *Diálogos del teatro español de la posguerra*, Madrid, Ed. Ayuso, Col. Fuentetaja, 1974.

Alfredo Marqueríe, *Veinte años de teatro español*, Madrid, Ed. Nacional, 1959.

Luis Molero Manglano, *Teatro español contemporáneo*, Madrid, Ed. Nacional, 1974.

José Monleón, *Treinta años de teatro de la derecha*, Barcelona, Ed. Tusquets, 1971.

Revista *Triunfo*, núm. 507, especial sobre la cultura española del siglo xx, Madrid, 17 junio 1972.

Revista *Cuadernos para el Diálogo*, números extraordinarios.

Leopoldo Rodríguez Alcalde, *Teatro español contemporáneo*, Madrid, Ed. Epesa, Col. Panoramas, 1973.

José María Rodríguez Méndez, *Comentarios impertinentes sobre el teatro español*, Barcelona, Ed. Península, 1972.

Francisco Ruiz Ramón, *Historia del teatro español: II: Siglo XX*, Madrid, Ed. Alianza Editorial, Col. El Libro de Bolsillo, 1971. Segunda edición muy ampliada, Madrid, Eds. Cátedra, 1975.

Federico Carlos Sáinz de Robles edita *El teatro español*, por años, Madrid, Ed. Aguilar.

Ricard Salvat, *El teatro de los años setenta*, Barcelona, Ed. Península, 1974.

Gonzalo Torrente Ballester, *Teatro español contemporáneo*, Madrid, Ed. Guadarrama, 1957.

Varios, *Creación y público en la literatura española*, Madrid, Ed. Castalia, Col. Literatura y Sociedad, 1974.

— *Panorama del teatro en España*, Madrid, Ed. Nacional, 1974.

— *El teatro de humor en España*, Madrid, Ed. Nacional.

Las principales colecciones de textos son las de Escelicer, Taurus, Cuadernos para el Diálogo y Pipirijaina.

Deben verse también las colecciones de las revistas *Primer Acto, Yorick* y *Pipirijaina*.

SE TERMINO DE IMPRIMIR
EN LOS TALLERES VALENCIANOS
DE ARTES GRAFICAS SOLER, S. A.,
EL DIA 24 DE MAYO DE 1977

LITERATURA ✿ Y SOCIEDAD

TÍTULOS PUBLICADOS

1 / Emilio Alarcos, Manuel Alvar, Andrés Amorós, Francisco Ayala, Mariano Baquero Goyanes, José Manuel Blecua, Carlos Bousoño, Eugenio Bustos, Alfredo Carballo, Helio Carpintero, Elena Catena, Pedro Laín, Rafael Lapesa, Fernando Lázaro Carreter, Francisco López Estrada, Eduardo Martínez de Pisón, Marina Mayoral, Gregorio Salvador, Manuel Seco, Gonzalo Sobejano y Alonzo Zamora Vicente

EL COMENTARIO DE TEXTOS
(Tercera edición)

2 / Andrés Amorós
VIDA Y LITERATURA EN «TROTERAS Y DANZADERAS»
Premio Nacional de Crítica Literaria «Emilia Pardo Bazán», 1973

3 / J. Alazraki, E. M. Aldrich, E. Anderson Imbert, J. Arrom, J. J. Callan, J. Campos, J. Deredita, M. Durán, J. Durán-Cerda, E. G. González, L. L. Leal, G. R. McMurray, S. Menton, M. Morello-Frosch, A. Muñoz, J. Ortega, R. Peel, E. Pupo-Walker, R. Reeve, H. Rodríguez-Alcalá, E. Rodríguez Monegal, A. E. Severino, D. Yates
EL CUENTO HISPANOAMERICANO ANTE LA CRÍTICA

4 / José María Martínez Cachero
LA NOVELA ESPAÑOLA ENTRE 1939 Y 1969
(Historia de una aventura)

5 / Andrés Amorós, René Andioc, Max Aub, Antonio Buero Vallejo, Jean-François Botrel, José Luis Cano, Gabriel Celaya, Maxime Chevalier, Alfonso Grosso, José Carlos Mainer, Rafael Pérez de la Dehesa, Serge Salaün, Noël Salomon, Jean Sentaurens y Francisco Ynduráin
CREACIÓN Y PÚBLICO EN LA LITERATURA ESPAÑOLA

DATE DUE